回顾·思考·前行

中国编辑学会少年儿童读物专业委员会成立二十周年
少儿知识读物研究会成立二十五周年

纪念文集

总策划　张克文　许科甲
总监制　张克文
主　编　雪　岗
副主编　王洪涛　孙全民

APG·TIME
时代出版传媒股份有限公司
安徽少年儿童出版社

图书在版编目(CIP)数据

回顾·思考·前行:中国编辑学会少年儿童读物专业委员会成立二十周年 少儿知识读物研究会成立二十五周年纪念文集 / 雪岗主编. — 合肥:安徽少年儿童出版社,2014.10
ISBN 978-7-5397-7456-5

Ⅰ.①回… Ⅱ.①雪… Ⅲ.①少儿读物 – 编辑工作 – 中国 – 纪念文集 Ⅳ.①G239.21–53

中国版本图书馆 CIP 数据核字(2014)第 191014 号

HUIGU SIKAO QIANXING ZHONGGUO BIANJI XUEHUI SHAONIAN'ERTONG DUWU ZHUANYE WEIYUANHUI CHENGLI ERSHI ZHOUNIAN SHAO'ER ZHISHI DUWU YANJIUHUI CHENGLI ERSHIWU ZHOUNIAN JINIAN WENJI

回顾·思考·前行:中国编辑学会少年儿童读物专业委员会成立二十周年
少儿知识读物研究会成立二十五周年纪念文集

出 版 人:张克文	总 策 划:张克文 许科甲	主 编:雪 岗
副 主 编:王洪涛 孙全民	责任编辑:吴荣生 丁 倩	美术编辑:于 睿

出版发行:时代出版传媒股份有限公司　http://www.press-mart.com
安徽少年儿童出版社　E-mail:ahse1984@163.com
新浪官方微博:http://weibo.com/ahsecbs
腾讯官方微博:http://t.qq.com/anhuishaonianer(QQ:2202426653)
(安徽省合肥市翡翠路 1118 号出版传媒广场　邮政编码:230071)
市场营销部电话:(0551)63533521(办公室)　63533531(传真)
(如发现印装质量问题,影响阅读,请与本社市场营销部联系调换)

印　　制:合肥华星印务有限责任公司
开　　本:787mm×1092mm　1/16　　　印张:15
版　　次:2014 年 10 月第 1 版　　　2014 年 10 月第 1 次印刷

ISBN 978-7-5397-7456-5　　　　　　　　　　　　　　定价:25.00 元

目录
contents

相识满书香　肝胆故友情（代序）

张克文

　　一转眼，我们的两鬓白了；一回忆，我们的青春远了。

　　像是在眼前，又像是在昨天，我们在欢笑，我们在举杯，我们在放歌。那一路的奔放，一路的豪情，一路的明亮，点点滴滴，不曾离开。

　　沉淀心底的温暖，闪烁眼际的笑脸，一时间聚集，老友新朋，感慨万千。

　　少儿知识读物研究会已经走过了 25 个年头，由它发展起来的中国编辑学会少儿读物专业委员会也已经成立 20 年了。我作为"两会"的参与者，对参加"两会"活动的各社同行表示祝贺，也为"两会"所取得的骄人成绩感到高兴。

　　我是 1993 年第一次参加少儿知识读物年会的，那也是我参加工作后的第一次省外出差。新鲜,憧憬,兴奋。在山东海阳,我们正式拉开了会议的序幕,大家相互介绍,互致问候,彬彬有礼。会场内,会议议程一项接着一项,同行间交流经验,组织者请抗日老英雄介绍地雷战(海阳是闻名中外的地雷战故乡),陈天昌会长布置工作;会场外,我们迅速熟悉,海滩上踢球,海水里欢闹,饭桌上推杯换盏,兄弟朋友大呼小叫——热情、青春、友谊,滚烫滚烫的,泛着浪花,吹着口哨。天蓝蓝,海蓝蓝,我们一路奔向烟台,奔向威海考察。美丽的山东从此定格在我蔚蓝的记忆中, 那时结交的好友一直延续在岁月的长河里。

　　随后的日子里,我们又陆续相聚在海南、广西、陕西、河北等地,天南地北,东奔西走,每一次会议,都有每一次的收获。我们相继出版了多部论文集,大家的专业讨论和交流越来越深入。这期间,许多朋友的事业都发展起来了,我们分享着他们的成功,感受着他们的喜悦。浙江少儿社的袁丽娟老师,厚积薄发,成为浙江少儿出版界的"首席"编辑;黑龙江少儿社的张立新,已从当年的小伙子成长为肩扛一方的社长;北京少儿社的赵彤也变成业界大腕,荣获中宣部"四个一批"拔尖人才奖。更多的朋友都成为各自单位的业务骨干。中国编辑学会少儿读物专业委员会和少儿知识读物研究会,成为培养和见证大家成长的平台。这期间,许多朋友也陆续从原先的岗位离开了。冯铁军、王朝晔、王洪涛、刘凡文、熊楚健、孙全民、韦建成、张任等,他们曾经是"两会"的活跃分子和中坚力量。他们传给我们的不仅是知识和经验,更多的是为人的真诚和乐观。还有永远离开我们的刘道远老师和王吉亭老师,他俩一个北方人,一个南方人。刘道远老师始终为大家服务,当秘书长时尽心尽力,从来温和,从来安详,从来认真,没有一次急过,没有一次发火;王吉亭老师风趣幽默,一口四川腔,一副黝黑的面孔,一张永远的笑脸,他会摆龙门阵,会逗你玩,会把全场搞得热火朝天。他俩走了,留给我们的,除了痛,还有在痛中的成长和思念。一茬茬的编辑,一茬茬的苗,我们的研讨活动,不单是给大家提供了理论提升和经验交流的机会,也在培养着中国少儿出版的一支支队伍。在这个平台上,大家传递着信息,传递着感情,传递着传统,也传递着中国少儿出版人的精神。

2011年,我社也承办了一次研讨会,一是想见见老朋友,另外也是看看少儿读物编辑队伍的新生力量。孙学刚(雪岗)主任依然儒雅认真,特别是在主持论文交流时,还是那么一丝不苟,谆谆教诲。老朋友们从四面八方赶来了,大家打着招呼,岁月有痕,友谊长青。年轻的编辑带着明亮的面孔,一如从前的我们,大步走在中国童书出版的大道上。此时此刻,充盈我心中的除了感动,更有欣慰。

相识满书香,肝胆故友情。回顾是为了更好地总结,思考是为了更好地发展,前行是中国少儿出版的主旋律。愿我们老中青三代少儿出版人,传递着爱心与希望,为了孩子,为了明天。

(张克文,安徽少年儿童出版社社长,中国编辑学会少儿读物专业委员会副主任)

我，我们和编辑学研究（兼序）

雪　岗

在中国编辑学会少年儿童读物专业委员会成立 20 周年、它的前身少儿知识读物研究会问世 25 周年之际，由安徽少儿社张克文社长、辽宁少儿社许科甲社长提议，我们组织编写出版了这本纪念文集。顾名思义，纪念，就是要回顾我们走过的路程，思考我们取得的成绩在哪里、不足在何处，以利于今后更好地开展工作，推动我们的事业不断前行。

"日计之而不足，岁计之而有余。"时间是这样，做事也是这样。每次研讨活动的时间不长，内容也有限，大家都觉得过得很快，匆匆来了又匆匆走了，似乎没什么辉煌可言。可是过后回想，它已经长留在自己的记忆中，永存在自己的人生经历中，不会忘却，而且历久弥新。从编辑理论研究的角度讲，对于我自己，对于我们这个集体，对于我们的研讨活动，我就有这样的感觉。

一、我

我在编辑的路程上，有三次转折。我在 1978 年进入出版界，在中国少年儿童出版社当了一名编辑。当时我对这个岗位很不满意。因为我自己找上门的这次调动,本来要去中国青年出版社,却不知道"中青"和"中少"是一家,报到那天才被告知分到"中少",还说那里需要我。我以前对少儿读物不了解也没兴趣,自然不高兴,入社第一天就要求有机会转社。此后几年,也几次要求调离,目标有《人物》杂志社、中国文史出版社等。可是没想到,后来不但没离开,反倒是待了近30年,直到退休。原因除了社里不放以外,跟我的思想转变也有关,我渐渐喜欢上给少年儿童编书,也有了些成绩。这第一次转折,经过了10年才完成。

第二次转折是实行编与写的结合。到出版社之前的岁月里,我就与编辑和写作结下不解之缘。"文革"中,在大学里编排小报、自办刊物,还编写了几本书,内容虽多无可取,却有了编辑经验和写作根基。我自小学习就有追根寻源的习惯,后来当教员、文字秘书,嘴皮子、笔杆子都练了出来。进入出版社以后,这些就成为有利条件,我很快成了骨干,还写了《三国故事》等几本书。同时,我在编书的过程中,也是编辑、研究、写作并举,有了自己的专项,约我写书撰文的渐多,我也被大家称为"学者型的编辑"。我自己则认为我是专业编辑,业余学者。

第三次转折就是把研究编辑理论作为我的一项工作。如实讲,直到1990年初,我对编辑理论还没有多少接触,一门心思放在编书写书上。少儿知识读物研究会出现之后,领头的东天昌曾找到我,希望我也参加这个研究会。当时我是社会知识编辑室主任,他是自然知识编辑室主任。可我没响应。倒是我们编辑室的女编辑曾琊挺有兴趣,去了几次。

1993年,"知研会"在山东海阳开会,陈天昌又邀我参加,说可能要出书,把已有的论文编进去。他希望我能发挥作用,并与大家相识。我刚写好了一篇论文《少儿知识读物的特殊性及编辑对策》,这是我的第一篇编辑论文,是严格按照论文的格式写作的,曾被专家评为"标准论文"。于是,我就跟陈天昌到了海阳,在会上读了论文。不料第一次下海,我就把眼镜掉进了大海。以后几天,只好戴着墨镜出入,看谁都辨不清,没法和人打招呼,也就没有激起兴趣。1994年在湖南开会,我没再去,但听参加的人回来说,那次会开得很热闹,意

见也有分歧。1995年，先说在大连开会，黄伯诚要去当领头，邀我也参加，说是让我当秘书长。我立刻拒绝了。我一向不爱管人，不愿介入人事矛盾，就说秘书长不能当，但大连是个好地方，我愿意去。后来因故改在沈阳开，我还是去了。

此后三年，我没再参加这个会。这期间，我被评为首届"全国优秀中青年编辑""中直机关工作能手"，又当了中少社的副总编辑。约我写文章的不少，我写了几篇总结编辑经验的文章，还参加了中国编辑学会在青海召开的研讨会，提交了论文。我还当了两年少儿期刊研究会的头儿，对期刊的业务也动了一番脑筋。这个时期的业务探讨，使我对理论研究有了兴趣，打下了基础。那时候我主要是围绕着自己的实践，对某一个环节进行具体探讨，如策划、设计、编辑审稿和加工、宣传等。文章有《编出图书的特色来》《审读加工四体会》《图书的策划与组织》等，以及一些书评和前言后记。

真正的转折在1999年。那一年，我在海南会议上当了中国编辑学会少年儿童读物专业委员会主任，又是少儿知识读物研究会会长。职务在肩，不能不用些心思。我便认真了解了少儿读物编辑理论的研究现状，对业务研讨做了思考；也了解了"两会"的来历和成绩，看了各社提交的论文，觉得能够走到这一步是很不容易的。论文大都写得认真，能够提出观点，并结合自己的或他人的实践进行分析。但有分量的、有个性的不多。很多文章限于对编辑一般过程进行描述，有的类似工作总结，有的索性是点滴体会和情况汇报，观点重复的很多。至于论文的基本写作方法，有的还没搞懂。对一个全国性的二级学术团体来说，这些是有待提高的，同时也要考虑到现实条件，不能强行要求，而是有意识地引导。

要引导，先要从自己做起。作为这一专业的带头人，我必须拿出像样的东西，才能有个标杆，才能要求别人。这才有了后来陆续写出并在刊物上发表的论文和专稿、讲话。如《编辑之路四阶段说》《思维科学与编辑实践》《少儿类图书的编辑工作》《国际化出版中的编辑工作》《在编辑培训班上的讲话》《一个驳议——关于编辑的"策划"与"案头"》《编辑工作中的道德建设》《我的读书观与我的编辑观》《谈编辑的写作》《新版＜中国通史故事＞编辑随想》《关于科学和科普读物的再思考》等,以及大量的序言后记和书评。从题目上看就可知道,我在这段时期写的论文,和以前的有很大不同,都是从大处着眼,探讨编辑整体规律的。即便是像《新版＜中国通史故事＞编辑随想》那样涉及具体项目的文章,也力求总结出带普遍性启发的观点。理论提升与具体实践的紧密结合,则是突出特点。在写法上,除了注意论点论据的提炼和运用以外,论述方法和语言表达也各有不同。

2003年是我的研究走向新高度的一年。在此之前,我应约为中国标准出版社组织的《作者编辑实用手册》一书,撰写了其中《少儿类图书的编辑工作》部分,比较全面地讲了少儿类图书的特点和编辑方法。写作的同时,我就产生了一个设想:写一部关于少儿读物编辑学的专著。我很快就列出了提纲。在考虑作者的时候,有两种选择。一是由一个人写,如我自己。这样能保证学术性强,体例严格,语言风格一致;但个人视野会有局限,对不熟悉的方面写起来有难度。二是组织专业委员会的骨干们,再找些有经验的编辑合写,好处是调动大家的积极性和长处,事例丰富;缺点是每人的写法和能力会有差距,语言表达风格也不同。考虑再三,我决定用第二种方法,组织大家写。我来当主编,严格规定写作体例,并做好了大量加工的思想准备——这对我来说不算什么。书名就定为《少年儿童读物编辑学初探》。

我先把这一想法向中国编辑学会的常务副会长邵益文通报了,他非常支持,认为这将是中国第一部少儿读物编辑学的专著。于是,我请辽宁少儿社的刘铁柱出面组织,当年8月在大连开了一次工作会。辽宁少儿社的崔勇谋社长也给予很大支持。应邀到会的都是"专委会"的骨干,也是各社的编辑能手。我讲了设想,大家赞同,商定了各自承担的部分。报与刊物等部分,我约请了相关行家撰稿。这年年底在云南开研讨会期间,我再一次召开《少年儿童读物编辑学初探》的座谈会。邵益文也参加了,提了很好的建议。2004年又召开贵州会议,约有关人员座谈编写事宜。

写作还算顺利,但估计到的问题也显现出来。尽管有严格的结构要求,有些部分还是写得很散。没别的可说,我进行了逐篇逐字加工,加工不了就重新

写。也有写得很好的部分,改动不大。全部书稿在 20 万字上下。按照我的设计,正文之后要设附录,放入有关出版编辑的政府文件和编辑业务具体规定,作为案头备用。为此我定了一些,责编王洪涛也找了一些。原定此书由中少社出版,后来江苏少儿社的祁智社长也希望出这本书,就商定由两社合作出版,王洪涛和孙全民当责任编辑。

书稿排出以后,我请中国编辑学会会长刘杲先生写了一篇序言,版协的"少读工委"主任海飞也应邀写了序。他们都对此书给予很好的评价。2006 年 9 月,《少年儿童读物编辑学初探》出版。2007 年,它获得了"中国编辑学会科研成果二等奖"(一等奖一名,二等奖三名)。颁奖会在人民大会堂会议厅召开,几位全国人大副委员长和全国政协副主席颁的奖。这算是我的、也是我们集体在编辑理论研究方面的突出成果。

我在退休之后,就着手编选我的文集。为此进行了故地重访和材料搜集,终于在 2010 年 2 月出版,共计 90 多万字。内容包括"亲历漫忆""学海晨游""编事求邃""书头书尾""选读一瞥"和附录"友人指画"六个部分,另有自序《缀文非好名》与代跋《书赋》。这部《雪岗文集》收入了我写的文章的一部分,还有一些是新写的。它比较集中地反映了我在编辑、学习、研究和写作等各方面的成果。我在自序中说的"编学研写"四位一体的工作方式,就是我几十年实践的体现。《中国编辑》杂志在刊登责编吕卫真的推介文章时,用的题目就是《编学研写心血凝聚 四位一体成功展现》。

从 2010 年起,我多次应邀到北京大学新闻传媒学院等院校讲课。以往,我主要是给出版社的同行们讲讲。到大学讲课,我的讲法自然要有些变化,主要是讲要点并加进大量实例,效果还是不错的。

我的编辑学研究到此算是一个大段落,这也是一个半路入行的编辑的行进路程,有一定启发性,写出来供同行们笑览。今后会怎样,很难说。我想我还会关注这方面的事,至于方式,就看身体和脑力的状况了。

二、我们

要说这个话题,空泛地谈"我们"如何如何,没有意义。因为那些话到任何空间都能讲。"我们"不应当是虚指,而是实体,是由许多具体的、有个性特征的人组成的。所以我讲就讲具体人。当然那么多人,不可能都讲到,只能是自己视线和声场内的,还得是印象深刻的。

少儿知识读物研究会创始人之一陈天昌先生,他也是"知研会"转为中国编辑学会少儿读物专业委员会的主要推动者。我们应当记住他。他是老开明书店的出身,在中青社、中少社都是编辑行家,精通业务,做事一丝不苟,非常认真。这是那一辈编辑人的共性。有关"两会"的情况,他写了详细的回忆,我就不再重复。

邵益文先生作为中国编辑学会的直接领导,对我们这个团体十分关心,多次参加我们的研讨会,发表中肯的意见。他也给本书写了回忆文章,很珍贵的一篇。

第二任主任黄伯诚先生,是个老团干,组织观念和领导决定意识非常强,惯用党务行政的经验办事。但他能注意发挥业务人员的长处,也为"两会"的承前启后起了积极作用。

"两会"的活动得到了各社领导的热情支持。每次活动,都有好多社长、总编辑赶来参加,参与研讨。我不能一一道出,但自 1999 年以后,给我印象深的也能说出不少。

四川少儿社的王吉亭先生,是个作家,学问也了得。他对"两会"活动充满热情,每每有好的建议提出。那亦庄亦谐的神态,我一直记得。可惜他英年早逝,令人怅惜。本书中,有多篇回忆到他的风貌,又令人感动。

重庆出版社的社长李书敏先生,又是书法家兼社会活动家,却对我们这个集体情有独钟。自 1999 年首次参加我们的研讨会议后,就每届必到,还带来论文宣读,十分认真。特别是出任顾问以后,他经常过问会务,多方给予支持。我和他虽然相隔千里,却心心相印,经常通话通信。他的博学、真诚、平易和实在,在他的文章和谈吐中跃然而出。这使我不由得把他和一些官气十足又肚内空空的"长官"对比,真有天地之差。

广东新世纪社的丁志红女士也是对研讨活动极为热心的社级领导。我和

她早就认识,但共事却在"两会"上。她多次主持论文的评选工作,每次都认真地进行点评和分析,对提高论文质量有很大贡献。

安徽少儿社的张克文先生是青年一代的代表。我第一次和他交往,是在1993年海阳会议上。他好像研究生刚毕业不久,很谦虚好学的后生。过了十几年再见到,他已经是社长的身份了。他显然是兼有领导气质和编辑才华的人物,前途不可限量。

自1999年后,海南出版社主任贺晓兴,接力出版社社长李元君、总编王玲,新疆青少年社社长韩全学、总编阿布力孜·克尤木、副总编杜芳清、武红,陕西未来出版社社长尹秉礼、总编李建明,辽宁少儿社社长崔勇谋,云南晨光出版社社长崔寒韦、总编刘卫华,贵州人民社主任唐光明,黑龙江少儿社社长王朝晔、张立新,河北少儿社社长李连保、总编董素山、副总编杜富山,宁夏阳光出版社副总编金孝立、陈念华,福建少儿社社长朱欣欣、陈效东,安徽少儿社总编徐凤梅,四川少儿社社长张京、王建平、常青、总编杨路、副社长杨初,上海少儿出版社社长周舜培、副社长李名慈,重庆出版社主任冯建华,新世纪出版社副社长丁志红,中少社社长海飞,江苏少儿出版社社长祁智、吴星飞,中国大百科全书出版社副总编王德有、少儿分社社长程力华,中国和平出版社社长肖斌等,或支持和主持办会,或支持出版论文集和专著,都给了我们有力的撑托。

湖北少儿社副社长周祥雄,海燕出版社总编王钢、副总编乔台山,天天出版社总编肖丽媛,明天出版社社长刘海栖,甘肃少儿社社长李保军、唐克、副总编马林楠,湖南少儿社社长彭兆萍、总编谢清风,新世纪出版社副社长李春明,希望出版社副社长陈炜,浙江少儿社社长陈纯跃、副社长胡松乔,二十一世纪出版社社长张秋林、副社长时向丹,重庆出版社副总编蒲华清、主任钟代福,贵州人民社主任钱海峰,北方妇女儿童出版社总编左振坤、副总编佟子华,晨光社副总编段俐冰,新疆青少年出版社副总编许国萍,北京少儿社社长赵彤、副总编赵萌,新蕾出版社社长纪秀荣、副社长赵强,辽宁少儿社社长许科甲,中少社副总经理赵恒峰、图书中心总监张继凌等,或参加研讨会,或提供指导帮助,都给予了有力的支持。

继陈天昌以后相继担任秘书长的刘道远和王洪涛,直接参与业务研讨虽不多,却在每次会前、会中、会后做了大量准备、服务和收尾工作,都很辛苦,而且实干。刘道远长我五岁,他的自知之明和诚实给我印象深刻。记得他对我说,自己写不了论文,口才也不行,可喜欢参加活动,帮着组织,一来交些朋友,二来到各地走走。他办事速度相当快,效率很高,从不耽搁拖拉。即使退休了,还做了很多琐碎的活,他从不嫌烦。他给每个认识的人都写过类似"藏头诗"的顺口溜(多用谐音),给我也写过两首,打印出来加上照片给我。我看其中溢美之意明显,只引一笑,不可当真。但他是很认真的,可见他对朋友很在意。这也是他去世后大家都怀念他的原因。王洪涛对电脑操作技术掌握较早,又爱好摄影,加上乐于助人,所以他积累了很多文字和图片资料,对每次论文集的出版都起了作用。这是一个很大的贡献。他组织中少社编辑参与研讨,也很见成效。

先期担任副秘书长的几位,如冯铁军、刘凡文、熊楚健、刘铁柱、田曦等,虽在中年,资格却很老,参会很早,而且个性十足,很活跃,给人印象也深。说活跃,不单是指会外的娱乐场合,对研讨的活动,他们也都很认真,写论文很多,起到了骨干的作用。冯铁军不但自己很投入,还能带动他人,每次开会总能带个青年编辑参加,河北少儿社的论文也组织得最好,参与人很多。刘凡文爽朗和含蓄兼有,心细有内涵,遇事直抒己见。熊楚健热情健谈,充满活力,很引人注目。刘铁柱比较沉静,办事周到,有些大将风度。田曦貌相不同凡俗,做事也很有点子。

我因为要主持研讨会,对论文的写作水平和发言的质量最为关注,总想发现一些人才和新秀。在业务研讨方面,我主持的十五年内,可大体分为三个阶段,每个阶段都有几位研讨好手进入我的视线,也对他们的特点有所评析。

第一阶段给我印象深刻的有三位:李建明、裘树平、韦建成。

未来出版社的李建明,无疑是研讨会上最积极活跃的一个。他思考问题有深度,又很执着,善于从具体问题入手,分析问题也入情入理,发言很能引

人驻听。后来当了社领导,他仍然坚持自己写论文,从不以"忙"为借口,可见是真有想法,也真有能力。

上海少儿社的裴树平,做事说话也精明也豪爽。他的论文,能独辟蹊径,有新鲜感。记得 2001 年在新疆开会,我请他和大百科出版社的程力华做《十万个为什么》与《儿童百科全书》的专题发言,他很认真地讲了,给大家启发很深。2007 年在宁夏开会,预备会上,他建议以我的论文《一个驳议——关于编辑的"策划"与"案头"》为题展开讨论,效果很好,可见他思想极为敏锐。

接力出版社的韦建成,长处是严谨而有条理。他的论文和发言,层次分明,叙述清晰。他写的《少年儿童读物编辑学初探》中教辅部分,有观点、有分析、有实例,表述准确,折射出思维的缜密和写文章的功夫。

第二阶段给我印象深刻的也有三位:孙全民、廖晓安、叶宁。

江苏少儿社的孙全民,军人出身,总是精神抖擞的样子,办事雷厉风行,善交朋友;写诗填词一蹴而就,写文章也是好手。他的论文,和人相仿,有激情有思考;对文章结构和用词也很讲究,发言会用语气,有感染力。

接力出版社的廖晓安,成熟老练,很有知识女性的沉稳。她的文章和发言很实在,分析问题准确到位,没有华而不实的东西。她当评委的几次,把关很有分寸,效果很好。

福建少儿社的叶宁,参加研讨会较晚,却后来居上,显示出很强的研讨和表达能力。他的发言很吸引人,无形中就立起了有能力有作为的形象。这和他以前有较长工作磨炼有关,但主要还是爱动脑筋的结果。

第三阶段给我印象深刻的有四位:岑建强、吴娟、王广春、杨凯。

上海少儿社的岑建强,比起同社的裴树平来,更多了一层精细;无论是文章还是发言,都简洁明了,组织严密,而且入题新颖。可见是有功底的。

福建少儿社的吴娟,在武夷山会议上,显示了组织和研讨才能;女性的细致入微很突出,同时又有大气和敏锐的一面;文才口才俱佳。

河北少儿社的王广春,以语快喜逗出名。他的编书、组织能力都很强,承德会议上给人留下了深刻印象。他写的大文章虽不多,但语句表达很见功力。

12

晨光出版社的杨凯,参加活动比较早。他是以深入考察和调研作为研讨主要手段的,调研很投入,积累很厚实,对问题往往有独到见解。

此外,新蕾出版社的郑秀桂、国荣洲、陈德军、赵千红,浙江少儿社的袁丽娟,上海少儿社的靳琼,福建少儿社的欧宝琛、孙晓玲,二十一世纪出版社的肖飞飞、葛勇,和平社的李薇、庞旸、杨隽,人教出版社的赵昕、秦光兰,晨光出版社的赵强华,贵州出版社的吴琳、王静苹,未来出版社的张中民,新世纪出版社的王小斌,海燕出版社的刘嵩,辽宁少儿社的何涓、孟萍,明天出版社的张玲,希望出版社的张任、张平、张蕴,江苏少儿社的鲍蕾,湖南少儿社的何农荣,甘肃少儿社的陈拥军、唐晓玲、段山英,安徽少儿社的王笑非,四川少儿社的鄢志平,四川教育出版社吴婷,海豚出版社的张东,天天出版社的王苗,中少社的何强伟、袁建国、李华等许多新老编辑,无论参加研讨活动早与晚,都显示了很高的热情、很强的能力。

三、编辑学研究

编辑学,是近几十年才兴起的一门科学。在世界上,把它正式纳入科研活动的国家还不多,但是有关编辑思想和方法的研究和交流,一直很活跃。一般认为,编辑学属于实用科学。但在大的范畴,它的归属尚无定论。传统的分类法很难界定它。它不属自然科学,因为它有思想意识的制约;也很难完全算作社会科学,因为它也有很多技术的含量。从科学发展史的角度说,它具有新兴科学的某些要素,即跨学科的特点。我曾经在《思维科学与编辑实践》一文中提出,编辑学也可以算是思维科学的一种,因为它是经过人的思维活动后产生的行为。我自己的很多选题策划就来自逻辑思维和形象思维。

中国编辑学会成立于1992年。作为"学会",而不是"协会",它的宗旨明显在于学术研究方面。少儿读物专业委员会也不例外,它应当成为少儿读物的编辑们研究编辑理论、交流编辑经验的平台。事实上,我们20多年的活动,就是这么做的。

20世纪80年代后期,一群从事少儿知识读物编辑工作的编辑人员,自发酝酿并组织了少儿知识读物研究会,1989年7月在山西忻州举办了首次研讨

会。但这个团体并不是少儿读物研究的最早者。在此之前的 1986 年，由当时的国家出版局主导，成立了一个幼儿读物研究会，隶属出版工作者协会。那年的 4 月在石家庄开了第一次研讨会。上海少儿社的鲁兵任会长，中少社的燕生任副会长，胡建中任秘书长。这为少儿读物的理论研究开了先河。但后来它的活动中断了。

少儿知识读物研究会成立以后，也曾争取隶属版协，没有结果。从 1989 年到 1993 年，"知研会"先后举办了五次研讨会，取得了很好的成绩和经验，也为后来的发展打下了基础。

1994 年，在"知研会"的人员基础上，组建了中国编辑学会少年儿童读物专业委员会。这一转变，不但是有了一个被国家正式批准的、以研究少儿读物编辑理论为宗旨的二级学术团体，也为它的研究范围扩大和深入开拓了空间。少儿读物专业委员会组建以后，仍然保留了"知研会"的称呼，即所谓"一套人马、两块牌子"，内容却已经起了变化。因为少儿读物专业委员会，它的研究对象是少儿读物的全部，而不是限于知识读物的局部。此后尽管还是以知识读物的研究为主，但是每次研讨会也有不少其他门类的编辑来参加，提交的论文不但有知识读物（含自然、社会知识和思想教育等）的，也涉及了文学、低幼、期刊，甚至是与编辑有关的经营、出版、发行、多媒体、图书资料等各个方面。原因很清楚，少儿读物专业委员会是个被国家承认的学术团体，在少儿出版界是唯一正式的编辑业务研究组织，它的评选结果具有公认性和权威性。这对大家有吸引力。客观在变化，主观也要变化。为全体少儿读物编辑服务，为少儿出版界的业务交流提供机会，是少年儿童读物专业委员会的责任，也是光荣。

无论是"知研会"的 5 年，还是"少专委"的 20 年，都是在少儿读物的编辑们热情参与和支持下开展活动的。"知研会"时期，每年都开会，共开过五次研讨会。"少专委"成立以后，定为每两年举办一次，一共开过 13 次大小型研讨会（包括中国编辑学会直接召开的两次），还有和其他学术团体合办的交流研讨会，以及小型专题会、交流会、工作会等多次。"两会"先后出版了六本论文集，即《编辑启示录》《创新与开拓》《迈向新世纪的少儿编辑》《编辑的交响》《纷呈的光谱》《编事编议》，一部学术专著《少年儿童读物编辑学初探》。至于一些个人参与的讲学、报告、撰稿、会议等学术活动，则没有准确计算。可以说，少儿读物专委会是中国编辑学会所属部门中活动最经常化、制度化，也最有成效的专委会之一，多次受到中国编辑学会领导的表扬和称赞。我们的浓厚学术研讨气氛和严谨认真态度，在少儿出版界产生了广泛影响。

我在多种场合讲过我们研讨活动的意义和经验。在这里不妨总括一下。

意义，也可以说是内容和目的，有三方面。

第一，学术研讨和业务交流。内容包括：各单位编辑人员撰写并提交论文，在研讨会上宣讲论文，评选和评议论文，将优秀论文集结出版；选择优秀论文或有争议的热点问题进行专题讨论；邀请专业人士举办业务讲座和报告；专委会负责人报告工作；观摩各社的图书；到有科研价值的场所和馆室调研考察等等。通过这些活动，提倡理论研讨的风气，加强编辑的理论提升能力和写作水平，从而提高全国少儿编辑工作的水平，提高出版物的质量。

第二，加强全国少儿读物编辑的往来和交流。来自各地各单位的编辑聚集一堂，进行广泛交流，沟通信息，切磋经验，开阔眼界，广交朋友，相互学习，达到相互促进、共同提高的目的。

第三，认识东道主，宣传东道主，学习东道主。每次研讨会，承办会议的出版社都做了大量工作，主持会议和论文的评选讲评，展示了相关人员的组织能力和研讨水平，给与会人员印象深刻。当地有关领导到会讲话，承办单位的领导介绍经验，都使大家受益极多。通过东道主的精彩亮相，与会人员获取了经验，开阔了眼界，增长了知识。承办单位也展示了风格，扩大了影响。

经验，也可以说是做法和体会，有四方面。

第一，坚持以学术研讨为中心，以推动编辑业务交流为己任。按说，这是不言而喻的。编辑学会，自然是以研究编辑活动为宗旨。"两会"从成立以来，就把编辑业务研讨当作最重要的工作，仔细规划；从筹备到开会，从撰写论文到评选论文，逐渐形成了一整套运作机制，长期坚持。1999 年以来，我们在业

务研讨的方式上,又做了很多新的尝试,如请专家做讲座、进行专题讨论、举办小型座谈、合作撰写专著等,成效十分显著。开幕式的庄重大气,讲座的专业水平,宣讲论文的认真,讨论发言的热烈,评选评析论文的严谨公正,闭幕式的深刻和团结气氛等,已成为我们研讨会的重要特征。

在操作过程中,如果思想不端正,很容易发生偏向。如有的认为开研讨会就是凑在一起放松放松,对研讨本身兴趣不大。又如有的把关注点放在各社的改革上,评头品足,互相攀比,影响研讨气氛和个人的情绪。对这些倾向,我们一再表明反对的态度。比如,无论是"知研会"时期,还是"少专委"时期,我们每次的研讨会都很活泼热烈。在会余时间,唱歌逗趣,显示了少儿读物编辑们的乐观开朗和童心不泯。但是这些只能是皮毛而不是实质。因为在会上,大家都要能集中精力,严格按照程序要求进行各种交流活动。我们也多次表示,对各社的改革和措施,我会无权也无力进行评判,我们将始终把握住编辑业务研讨的方向,不会把各社的政策作为议题讨论。

第二,坚持面向全体编辑人员。参加我们研讨会的,身份上,有社长、总编辑,有编辑室主任,有普通编辑;资历上,有经验丰富的老编辑,有成为骨干的中年编辑,也有刚参加工作的青年编辑;年龄上,从20多岁的到已经退休的,都有。但在业务研讨上,人人平等,没有身份和资历之分。无论是谁,在研讨会上都畅所欲言,展开讨论,甚至争论。因为我们清醒地认识到,真正的编辑经验和体会,包括教训和问题,只能来自一线人员的实践。每次开会的通知,我们都强调,欢迎青年编辑参加,欢迎不能参会的人员提交论文。这样,我们的研讨活动才能生动而有朝气,不断反映新情况,总结新鲜经验,避免僵化。如果每次会议都是固定那些人参加,是绝对达不到这样的效果的。

第三,坚持节约办会,做力所能及的事。作为一个二级学术团体,我们的工作人员都是兼职的,没有专职的。无论是主持工作的主任、秘书长,还是各社的副主任、副秘书长、委员,都是在本社的支持下,凭着热情、兴趣和积极性在干这项工作,付出精力与时间。同时,我们从不收取会费,也没有"小金库"。中国编辑学会多次指示清查账目和小金库,我们都没有任何问题。每次开会,除了收取必要的会议费(由承办方掌握)之外,没有任何额外开销。在食宿、交通等方面,也强调简朴、实用和安全,不求豪华。同时,考虑到我们的实际情况和主客观条件,我们从不搞力不能及的活动,如办培训班等。因为那要动用大量人力物力,花费极大精力,效果则很难说有多大。我们的能力达不到,就不必作此空想空谈。

第四,坚持"开门办会",不搞小圈子。编辑业务研究是思想上的交流,往大处讲,属于文化层面。海纳百川,各抒己见,各展风采,这是一切文化活动的基本规律和特征。研讨活动不能关起门来自我欣赏,神秘化,应该是开放的、包容的。这样才能广泛地吸收来自各方面的经验、体会和见解,提高研讨水平,提高编辑工作的水准和人员素质。我们反对画地为牢、我不出去你也别进来的狭隘思想和做法。"少专委"成立之后,特别是近十几年来,除了专业少儿出版社以外,我们也欢迎和接纳非专业少儿出版单位的少儿读物编辑,包括非公有制的个体公司的少儿读物编辑,参加我们的活动,提交论文。

我们的研讨活动从无到有,从小到大,从弱到强,这是必然的,更是人为努力的结果。一个证明就是,最近几次研讨会,即 2006 年的河北会议、2009 年的福建会议、2011 年的安徽会议、2013 年的四川会议,我们收到的论文都超过了 80 篇,超过以往历届,质量也有很大提高。和平出版社出版的最新一部论文集《编事编议》,收入了其中的一部分。《中国编辑》杂志,已选定了书中的十几篇,陆续刊登。

谈到这本纪念文集,它是在 2011 年的安徽会议上,由张克文社长、许科甲社长等提议,得到了与会人员的一致赞同后决定组织编写的。张社长提出由安徽少儿社出版。会后,我和王洪涛、孙全民二位一起研究了方案,并向各社老的、新的朋友约稿。我的想法是来一次"大团圆""全家福",要汇集全国各主要少儿社和其他参与单位的代表人物的回忆文章。经过普遍约稿、定点征稿、指名索稿三个阶段,这个目的达到了。书中汇集了各社人员的回忆文章 43篇。除了内蒙古、青海、西藏以外,各省、区、直辖市的代表社都有。作者都是我们研讨活动的骨干和热情分子。这些文章中,正说的、侧记的、庄重的、笑谈

的,各具风采,各显其用,加上照片和资料,从中可以看到我们的以往和成绩,是一定程度上的 25 年总结之作。也有两点颇为可惜:一是有些老编辑联系不上或精力欠缺,没有写;二是前十年的资料收集不多,留下遗憾。但就是这样,它能使读了的人受感动是无疑的。我自己这次是自当编辑,每一篇都认真地读了编了。除了有些时间、地点、过程和提法因不确切做了更正以外,其余都没做改动。读的过程就是受感动的过程。我们要感谢张克文社长和安徽少儿社各位工作人员的鼎力支持,使它得以问世。我和大家都希望,我们的研讨活动将持续下去,发展下去。2014 年,本届专委会将进行换届,我也将退出"前沿阵地"。自己的责任尽了,希望则寄托于后来的圣手能人。

下笔写来,不觉有此长文。一是回顾,二是评析,三是梳理,兼作序。

(雪岗,本名孙学刚。中国少年儿童出版社原副总编辑,国务院特殊津贴专家,中国编辑学会少年儿童读物专业委员会主任)

关于少年儿童读物专业委员会的回忆

邵益文

1992 年 10 月，中国编辑学会成立以后不久，就开始酝酿建立二级机构——专业委员会。学会领导的意思是：根据需要和可能，不要一下子把摊子铺得很大；要避免和兄弟单位"撞车"，大家都去干同一件事，弄得机构重叠，积极分子难于应付，或者敷衍了事，流于形式。根据这个意图，先建立了由金常政副会长担纲的"工具书和百科全书编辑专业委员会"和由吴道弘副会长牵头的"编辑史专业委员会"。并先后于 1993 年 9 月和 10 月，分别在北京和武汉召开了成立会议，讨论了有关工作和学术问题。梅益同志和单基夫同志，宋原放、戴文葆、蔡学俭、谭克等领导同志和专家参加了会议，我也应邀参加了在北京召开的会议。这两次会议开得很好。会后，学会分别发了简报，向各出版单位通报了情况，引起了一些反响。一些单位也想搞这种专业性的交流会，成立少年儿童读物专业委员会就是在这样的

形势下提出来的。

在上世纪 80 年代末，在文化部相关部门的影响下，开过一次全国性的少年儿童科普读物作家和编辑研讨会，在这次会上，一些同志认为这样的交流很有必要，就自发串联起来，提出建立少年儿童知识读物的研究组织，后称少儿知识读物研究会。大家公推中国少年儿童出版社自然知识读物编辑室主任陈天昌同志牵头，负责联系和召集。他们每年都有活动，搞得很带劲。但是，他们与上面没有明确的领导关系，于是就找到我，希望成为中国编辑学会的下属机构。我和陈天昌同志原来在一个单位工作，共事约 30 年，当然是很熟悉的。我就和学会有关同志商量了一下，认为应建立一个少儿读物专业委员会，由中少社牵头。陈天昌同志办事认真，也有编辑工作经验，就请他先写一份材料，以便开会时讨论。陈天昌同志很快就提交了一份申请报告。后经会长碰头会议通过，成立学会的少儿读物专业委员会。同时根据各方面的意见，决定筹建图书编辑学专业委员会，因为这是当时学会学术研究的重点，还有青年编辑专业委员会、期刊编辑专业委员会，加上前述"工具书和百科全书""编辑史"等，共六个专业委员会，一并报上级领导机关审批，民政部后来核准了这六个专业委员会。

少年儿童读物专业委员会成立后很活跃，活动较多，我也参加过几次活动。现就参加过的几次做些大概的回忆。

第一次是 1994 年 9 月在长沙举行的研讨会，为了与以前的活动衔接，这次会议还是用"少儿知识读物研究会"和"专业委员会"两块牌子召开的，各地的少年儿童出版社和设有少儿读物编辑室的出版社，大都派人参加了。会议由陈天昌同志主持，湖南省出版局副局长刘孝纯到会祝贺，并介绍了湖南的出版情况，会上交流了经验，宣读了论文，气氛相当热烈。我应邀参加会议，并以《着眼于下个世纪，关注着未来命运》为题目发言，主要讲了少儿编辑的读者对象是我们未来的主人，他们将决定我们国家、民族、全人类四分之一人口的未来，所以少儿读物编辑不仅要对今天负责，也要对明天、对子孙后代负责。他们首先必须有正确的政治方向、崇高的理想、高尚的道德情操和高度的社会责任感;同时提到了实际工作中的一些问题,如少儿读物成人化、引进了一些渲染凶杀暴力等不合国情的东西,以及把大众读物高档化、搞豪华本、结果卖不出去,造成浪费等问题;强调做编辑工作要有创造性,要适应读者的健康需求等。①

第二次是 1995 年 11 月在沈阳召开的,会议传达了全国少儿重点图书出版规划会议精神,交流并评选了优秀论文,同时因陈天昌同志工作变化,进行了换届,选举了中国少年儿童出版社总编辑黄伯诚同志为第二届少儿读物专业委员会主任。我应邀出席并发言,首先充分肯定了陈天昌同志多年来团结少儿读物编辑,为少儿知识读物编辑研究工作,对少年儿童读物专业委员会的成立和发展做出了努力,为推动少年儿童读物编辑工作健康发展做出了贡献。同时祝贺新一届少儿读物专业委员会的产生,希望发扬中国编辑的优良传统,为编辑出版更多的优秀少儿读物做出更大贡献。

第三次是 1997 年 5 月在南昌召开的少儿读物编辑学术研讨会,主题是学习光荣革命传统,为少年儿童提供更多更好的精神食粮。会议结合素质教育,讨论了做好少儿读物编辑工作问题,并且评选了优秀论文,展示了近两年各社出版的优秀读物。黄伯诚同志主持会议,江西省新闻出版局副局长梁凯峰同志出席会议并讲话。我应邀出席,并以《为少年儿童当好精神食粮的营养师》②为题发言。当时正值党的十四届五中、六中全会以后,中宣部和新闻出版署召开的"全国少年儿童出版工作会议"根据中央精神,提出少儿出版工作的根本任务是:按照社会主义精神文明建设的要求,提高青少年的思想道德素质和科学文化素质,培养跨世纪的合格建设人才和有理想、有道德、有文化、有纪律的社会主义新人。研讨会根据这个精神强调要着力提高出版物质量,多出好书,努力提高我国少年儿童的整体素质,应该坚持正确的政治导向、价值导向、体能导向、知识导向、情趣导向,把我国少年儿童培养成为全面发展的人。强调少年儿童正如一张白纸,可塑性很大,出书一定要坚持全面发展,

---

① 见邵益文著:《出版学编辑学漫议》第 86 页,河南教育出版社 1995 年 9 月版。
② 见邵益文著:《20 世纪中国的编辑学研究》第 334 页,河北教育出版社 2000 年 1 月版。

德、智、体、美各方面都不可偏废,不能畸轻畸重,每出一本书不仅要注重质量,着眼于少年儿童的全面发展,而且要细致分析,全面考虑,注意缺什么出什么,不要一窝蜂去找一两个热点,要注意缺门、冷门,要雪中送炭,拾遗补阙,促进全面发展。

我参加的第四次会议是少年儿童专业委员会"98"工作会议,于1998年11月在浙江绍兴召开。主题是根据中宣部和新闻出版署当年10月在郑州召开的全国少年儿童出版工作会议精神,研究少儿读物专业委员会的工作,浙江少儿社社长、总编辑陈纯跃同志主持会议,浙江省新闻出版局副局长、本会理事王晓明同志和省版协副主席、本会理事钱伯年一同出席并讲话,表示祝贺。少儿读物专业委员会主任黄伯诚同志提出了会后一二年的工作意见,我应邀出席并发言。我主要讲了"进一步发展少儿读物的一些想法"[1],包括三个问题。一、着重强调了要发展必须创新。针对当时少儿出版界流传的所谓"成套书多,单行本少;重复出版多,原创作品少;图画本多,文字本少;适合城市儿童的多,适合农村儿童的少,以及老面孔、老祖宗、老外、老作者"等,所谓"四多""四少""四老"的说法。我认为要改变"多、少、老",关键在于创新。"三毛"这个形象是上世纪30年代的东西,现在是传统教育的好教材,但电视上常放,收视率就不如"狮子王""神脑聪仔"了,这说明读者需要新的形象。现在是知识经济社会,在海量信息时代,只要编辑认真策划选题、加工,是可以创造新形象和新知识的。二、在市场经济条件下,要发展新的市场,就要放眼世界,扩大视野。一定要"走出去","走出去"就可以交流,就可以弘扬优秀的中华文化。少儿读物,语言障碍少,是便于"走出去"的有利条件,这一点不能忽视。同时,要看到农村人口多,少年儿童多,一定要积极扩大适合农村少年儿童的品种,这是一个重要市场,没有市场就等于没有读者,出版也就没有出路。三、队伍建设。出版是文化事业,是积累、创新知识,传播科学,弘扬艺术的行业,队伍的质量对它来说,与一般的工商业比较,更具有决定性的意义,所

---

[1]见邵益文著:《20世纪中国的编辑学研究》第334页,河北教育出版社2000年1月版。

以更需加强队伍建设。我国的少儿出版工作,基础很好,成绩斐然,又有比较稳定的读者群体,在全会精神的引导下,只要我们认真去做,一定能取得新的成就,做出更大的贡献。

1999 年 3 月,少年儿童读物专业委员会在海南海口召开研究会,并进行再度换届,由中国少年儿童出版社副总编辑孙学刚(雪岗)担任主任,组成新一届专业委员会。我没有参加。2001 年 7 月,少年儿童读物专业委员会在乌鲁木齐召开学术研讨会,我因准备即将召开的学会第六届年会未能成行。但我为这次会议写了一篇发言稿, 题目是:《我为少年儿童健康成长贡献了什么——世纪之初寄语少年儿童读物编辑》①。我认为"21 世纪是一个新的世纪,世界变化将会很大,发展也会很快,是一个充满希望同时又需要我们进行艰苦卓绝地奋斗的年代";认为在全面加强德、智、体、美的教育,深入开展爱国主义、社会主义和集体主义教育的基础上,使青少年的精神面貌积极健康、奋发向上的主流已经形成,爱国主义精神高涨。但在新的形势下,有些方面还需要注意,如:要强调爱国必先强身的思想教育;要做好爱国还需要"强心"的思想教育,这个"心"就是孟子说的"心志",我们现在称为"意志",也就是说要培养坚强的意志,养成勤奋节约艰苦奋斗的精神。作为少儿读物编辑,要以培养"四有公民"为目的,集中精力抓好重点书,也就是要解决世界观和人生观问题,希望大家经常反思一个问题,我们天天编辑出版少年儿童读物究竟为了什么? 在每年总结工作的时候应该想一想,这一年我为少年儿童的健康成长究竟贡献了什么? 这是每一个有责任感的少儿读物编辑都应该反思的。

2002 年 9 月,少年儿童读物专业委员会在西安举行研讨会,是以中国编辑学会的名义召开的。会议主题是在新形势下如何进一步提高少儿读物质量,为提高少儿整体素质做贡献。中共陕西省委宣传部副部长刘斌、省出版局副局长任中南等到会讲话。新闻出版署质检部的辛广伟同志应邀到会并作了报告。少儿读物专业委员会主任孙学刚同志分析了少儿读物编辑工作形势、

---

①见邵益文著:《编辑的心力所向——编辑工作和编辑学探索》第 281 页,贵州人民出版社 2004 年 10 月版。

成就和面临的问题，主要是缺乏有国际影响的和为人们公认的原创作品；选题重复，缺乏创意；营销宣传上夸大失真；少儿特色和编辑含量减弱，不正当竞争有所抬头。这个发言引起与会者的共鸣，认为说得很深刻，很符合实际。

在闭幕会上，我以《保护好少年儿童出版这一片净土》[①]为题发言，主要是说这次会议是在以优异成绩向十六大献礼的热潮中召开的，使大家深感时代对少儿读物提出了新的很高的要求，这是对我们的鞭策，也是对我们的鼓励，深感自己责任重大。当前我们出版工作和各项工作一样导向正确，形势喜人，成就斐然。当然也不是没有问题，主要是违规、违纪问题时有发生，盗版、盗印等非法活动屡禁不止。最近还发现个别少儿社买卖书号，受到停业整顿的处理，这在全国少儿社当中还是第一次，应当吸取这个严重的教训。编辑被称为人类灵魂的工程师，我们要塑造好少年儿童的灵魂，首先要注意自己的灵魂，要培养"四有"公民；自己首先应该成为"四有"公民，己不正焉能正人，这是对编辑最起码的要求。我们要下决心摆正两个效益的关系，决不以牺牲少儿的健康成长为代价去换取经济效益。

2003年7月，少年儿童读物专业委员会在大连召开会议，并邀请部分骨干参加。孙学刚同志提出了撰写《少年儿童读物编辑学初探》的设想，并列出了提纲。与会人员对此进行了讨论，一致同意共同完成此书的写作，并邀请一些专业研究人员参加。这是一项很有意义的工作，是一个创举。同年10月，专业委员会又在昆明召开学术研讨会和工作会议，我也参加了。孙学刚同志主持会议，总结了过去一年的工作，并对今后的工作做了部署。他强调了在深化改革的形势下，必须大力提高编辑队伍的整体素质，以适应市场经济深入发展条件下对编辑工作的新要求。中共云南省委宣传部副部长吴贵荣、云南省新闻出版局党组书记、副局长汤汉清到会祝贺，晨光出版社社长崔寒韦介绍了少儿读物出版情况。我作了简短的发言，强调了出版工作要牢牢掌握中央领导同志提出的坚持先进文化的前进方向，"以大力发展先进文化，积极支持

---

① 见邵益文著：《一切为了读者》第133页，首都师范大学出版社2010年7月版。

健康有益的文化,努力改造落后文化,坚决抵制腐朽文化";一定要多出精品,把精品战略进行到底。少儿读物编辑更需要学习,要有更高的思想品位和精神境界,才能无愧于自己的使命。会议期间,还进一步研讨了《少年儿童读物编辑学初探》一书的编写工作,大家发表了很好的意见。我着重讲了两点:一、既然称之为"学",就要加强理论色彩;二、要体现少年儿童读物编辑工作的特点。此书于2006年9月出版,是我国、也许是世界上少年儿童读物编辑学的开山之作。后来此书获得"中国编辑学会科研成果二等奖"。

少年儿童读物专业委员会是中国编辑学会下属比较活跃的二级机构之一。他们工作积极主动,基本上每年都有活动,参加者的队伍遍及全国,而且比较稳定,以资深编辑和中层干部居多,也有一定比例的社级领导参加,同时也注意吸收青年编辑参加。在我的印象中,这支队伍很有少儿特点,无论是年轻的,还是年龄较大的,都非常活跃。他们不仅用心工作,而且很有"玩"性,有的自称"害虫",爱逗乐,会余之际和他们在一起,往往笑声不绝于耳,有时"闹"得很"凶",真像回到了少年时代。平时他们的注意力集中在研究编辑工作,着重掌握动向、交流经验、表扬先进,致力于提高编辑的思想和业务水平,一心为培养少年儿童、为国家造就有用人才付出心力,这些都有助于实际工作的开展,深受各出版社的支持。我见到的三届少儿读物专业委员会成员,工作各有特色,他们的共同点是热爱少年儿童,竭诚为读者服务,可圈可点之处甚多。爱其人,忧其之无成。这是他们共同的"心";人才不滋培,栋梁安得成。这是他们共同的"志"。值得我记忆,值得我学习。

2012.3.10

(邵益文,中国编辑学会原常务副会长兼秘书长)

那些年　那些人　那些事

——少儿知识读物研究会初创时期的点滴回忆

陈天昌

中国编辑学会少年儿童读物专业委员会的前身，是少年儿童知识读物编辑工作研究会，简称少儿知识读物研究会。凡事大概都有个发生演变的过程。我作为它的创始者之一，回忆研究会初创时期的那一段往事，只是想给后人留下一点儿有关的资料。

1988 年，文化部社会文化局与科普作家协会少儿专业委员会在安徽歙县联合召开"全国少儿科学文艺创作座谈会"。会议由文化局副局长、著名儿童文学作家刘厚明主持，出席会议的有国内的少儿科学文艺作家和少儿读物的编辑工作者，其中有好几位是二者身份兼有的。就在这次会议的会下，安徽少儿社的李利、希望出版社的刘凤荣等几位中青年编辑和室主任在一起议论，酝酿把全国各省的少儿知识读物编辑工作者组织起来，建立起一个相互学习、交流业务经验的平台。大家劝说我出面，牵头进行全国少儿知识读物研究会的筹备工作。这件事当时得到了刘厚明等领导的积极支持，并把这件事作为歙县座谈会的一项成果写进了会议纪要。

在此后的筹备期间，我们商定了这个研究会的不成文的章程：

一、性质：全国性、群众性、学术性组织。

二、宗旨:提高少儿读物编辑队伍的整体素质,以促进优秀少儿知识读物的编辑出版。

三、机构:设名誉会长、会长、副会长、秘书长、副秘书长。每届任期三年,可以连任两届。

四、活动:每年举办一次年会。由各省、自治区、直辖市少儿出版社轮流承办。

五、隶属:将申请隶属中国出版工作者协会。

六、经费:研究会本身不经手一分钱,每次年会由与会者交会务费若干,用于会议期间的资料、住宿、考察等开销。会务费由承办单位派专人管理。

1989年7月,研究会成立大会,即第一次年会,在山西忻县(忻州)召开。这主要是因为山西希望出版社的副总编辑张慕颜参加了歙县会议,对成立研究会十分支持,欢迎兄弟出版社同行到山西开会。他是社一级领导,当时就拍板定了下来。

在这次年会上,我被选为研究会的常务副会长兼秘书长(会长空缺),叶至善先生被推举为名誉会长。担任副会长的有上海少儿社的黄廷元、山西希望出版社的张慕颜、湖北少儿社的王永江(承办下一次年会的单位领导)。担任副秘书长的有希望社的刘凤荣、湖北少儿社的莫世扬。

在1992年换届时,我被选为会长兼秘书长,1995年卸任。在这六年任期中,研究会每年都召开了年会。有几件事值得细说一下。

一、这个研究会的任务主要是研究探讨少年儿童知识读物(包括自然知识和社会知识)编辑工作的规律,交流各地的工作经验,切磋如何面对来自各方面的新情况新问题。同时注意提高整个队伍的素质,并为少儿读者多出好书。每次年会都在事先酝酿预定两三个议题,要求发动各社编辑研讨,写出论文,到年会上宣读交流。撰写论文的过程,就是一个学习、积累、总结、提高的过程。记得历次年会的议题包括:

1.全社会重视教育的有利形势和我们的任务;

2.出版业改革中的新经验和新问题;

3.少儿知识读物的编辑出版怎样跟上新形势;

4.怎样更快地提高编辑人员的自身修养,提高图书质量;

5.青年编辑的创业进取意识和成才之路;

6.关于编辑的基本功;

7.少儿知识读物消灭差错的环节和措施;

8.少儿知识读物的出版怎样走出低谷;

9.少儿知识读物的出版大趋势;

10.对双效益都好的读物的研究;

11.少儿知识读物的多样化;

12.新时期思想品德教育读物应具备的特色;

13.少儿知识读物如何融思想教育于知识传播中;

14.少儿知识读物怎样为提高少儿的心理素质服务;

15.少儿知识读物如何做到知识性、思想性、趣味性的有机结合;

16.如何摆正知识读物与教学实用书的关系;

17.农村少儿知识读物应有什么特色,如何开拓读物下乡新渠道;

18.少儿知识读物与开发智力的关系;

19.对国内外科幻作品的研究;

20.对港台少儿知识读物的研究;

21.编好套书、丛书、系列书的经验体会;

22.横向联合出书的问题;

23.少儿知识读物如何走向世界。

研究会还处在初创时期,论文质量只能逐步提高。但其发挥的作用是不小的,激发了编辑们进行理论研讨的热情。编辑写的论文,有的带有理论探讨性质,也有经验交流性质的。老编辑的论文多是总结经验和教训,理出带规律性的东西;青年编辑多重视对新事物的理解和讨论。无论哪种写法,都是在研究一些实际问题。

在第二次年会上,名誉会长叶至善应邀作了一篇书面发言,题目是《研究是为了提高知识读物的质量》。这篇文章后来收进了他的文集《我是编辑》中。

1993 年,我们把几次年会的论文编选出版了一本论文集《编辑启示录》,由河北少儿社出版。叶至善的那篇书面发言,作为代序言。这是初创时期研究会的成绩见证。撰写论文,交流业务研究成果和经验,这是我们研究会的立足之本。

二、组织一次年会,是一件蛮不容易的事。承办单位的会务工作十分繁重。发邀请函,挑选会址,到机场和车站接送会议代表,代购返程票,安排住处和三餐,制订会议日程,邀请领导致辞,邀请记者采访报道,打印代表通讯录,分发论文,预备获奖证书,布置会场,组织图书观摩(各社代表带来的新出版的图书,会后赠与东道主)等等,都要相应人员各负其责。办好一次会议,实际上是对东道主组织能力和活动能力的检验。

我的印象,开初那几次年会,1989 年在山西忻州,1990 年在湖北宜昌,1991 年在江苏南京,1992 年在四川成都,1993 年在山东海阳,1994 年在湖南长沙,都办得很好,承办的出版社全都表现出极强的组织能力和热情。承办第二次年会的湖北少儿社,曾因故要求推迟一两年办会,我便和江苏少儿社的石永昌商量,请他们接办。可湖北社的刘健飞认为答应的事不应更改,结果湖北社克服困难如期举办了年会,而且办得很圆满,受到代表的赞扬。

不仅如此,承办单位还尽力安排代表考察参观一些文化名胜和古迹,增长大家的知识,开阔眼界。这是很必要的。每天开完会,还组织一些文娱体育活动,让大家放松心情,增进情感。会议办得很活跃。1993 年年会在山东海阳召开,海阳在大海边,每天中午和晚上,都能去游海水泳,大家很开心。记得第一次参会的孙学刚(雪岗)同志,头次下水就把眼镜掉进大海,只好每天戴墨镜出入。我不大会游泳,可也在海里泡一泡,很愉快。

三、这个研究会的骨干是各社的编辑室主任。他们在社内的贡献很大,平常工作很辛苦,对研究会也很支持。靠着这些人员的参与,研究会的活动渐渐成形,收获也加大。同时,他们自己聪明勤奋,积极进取,也在走向成熟,在组织能力和编辑工作各个方面都进步很快,成为出版界的出色人才。我记得的,

如湖北的刘健飞,编辑过"少年科学瞭望台",受到广泛关注与好评。他自己也当了副总编辑,后又被调到湖北科技出版社当总编辑。这种例子很不少。还有北京的钟制宪,河南的李景林,山西的张慕颜、刘凤荣,陕西的李建明,湖北的王永江、周祥雄,江苏的李新轩、石永昌,四川的王吉亭,山东的刘凡文,湖南的张天明、熊楚健,河北的董素山、冯铁军,辽宁的刘铁柱,上少社的黄廷元、俞沛铭,中少社的毛红强,调往广东的李利等,都给了研究会极大支持。他们都值得我们感谢和怀念。

四、研究会一成立就申请隶属中国出版工作者协会。我找到版协的秘书长王业康,他曾是中国青年出版社的副秘书长,我的老领导。他说他支持这个研究会开展活动并答应解决隶属问题。但与此类似的还有少儿期刊、少儿文学、低幼读物等几个,有待整合,需要时间。

因为没有解决隶属问题,就不会有公章。发论文获奖证书的时候,就请名誉会长叶至善签个名,制成锌板,盖在证书上。

1992年,中国编辑学会成立,要设立几个专业委员会。常务副会长邵益文原是我的同事。1993年夏天,我们谈起来,说应设立少儿读物专业委员会,由中少社组建。为了避免重复开会,我们商定,采用一套人马两块牌子的办法,就以少儿知识读物研究会的骨干为基础,成立中国编辑学会少年儿童读物专业委员会。我和几位副会长同时担任这个专业委员会的主任、副主任。中国编辑学会在1994年有一期简报,报道了这个消息。1994年9月在湖南召开的研讨会上,正式宣布中国编辑学会少年儿童读物专业委员会的成立。邵益文应邀出席了这次年会。

我如今年过八旬,虽已退出活动,但我希望,我们的事业将长久存在。

(陈天昌,中国少年儿童出版社原编辑室主任,少儿知识读物研究会会长兼秘书长,中国编辑学会少儿读物专业委员会首届主任)

我爱这个集体　我爱这些朋友

李书敏

　　接到"征稿信"又接到雪岗同志的电话,这篇文章是一定要认真写的。因为我深深地爱着中国编辑学会少年儿童读物专业委员会和少儿知识读物研究会这个集体,爱着这些好同行、好朋友。自从参加"两会"的活动,特别是受聘担任中国编辑学会少儿读物专业委员会的顾问以后,我和大家的交往日益广泛,留下了难忘的印象。

　　孙学刚(雪岗)同志在领导"两会"的十几年里,成绩显著,受到全国少儿编辑的称赞。他主持召开的历次研讨会活动,都在编辑业务上做了深入探讨,

他策划和主编的《少年儿童读物编辑学初探》一书,作为第一部少儿读物编辑学专著,受到欢迎和好评,已成为少儿编辑的必读书和案头参考书,并获"中国编辑学会科研成果二等奖"。他是学者,也是优秀的学术带头人。

　　王洪涛同志作

为秘书长,对每次会议的准备和会后的安排,做了很多事,工作量很大,很辛苦。在会上,他是个热心的服务人员,参观中跑上跑下为大家拍照,不厌其烦,踏踏实实,深受同志们赞扬。

刘道远同志,我一直尊他为仁兄,可惜他已病故。提笔写他,我忍不住流了泪。他总是那么低调,总是默默地在幕后工作,不张扬,靠后站,把一切看得很淡。用一句佛语,是"观尽红尘"了吧!2007年8月6日,在银川开会期间,道远兄送我一首诗:"交友看淡名与势,坦诚学者视为亲;为官不骄才学广,但恨未能早识君。"前两句可以看出他的人品,后两句对我的溢美之词实不敢当。2010年7月18日下午和晚上,先后从他的儿子刘杞、刘陟和洪涛的电话里惊悉,刘道远离开了我们。我久久不能自已,不能入睡。我们失去了一位好同事,我失去了一位好朋友。7月19日凌晨2时,我发去唁电:"道高德重,远上九重。道远兄,你走了,你的信念还在;你走了,你的事业还在;你走了,你的榜样还在;你走了,你的教诲还在;你走了,你的真诚还在;你走了,你的宽厚还在;你走了,你的慈善还在;你走了,你的廉洁还在;你走了,你的善良还在;你走了,你的作品还在。年年岁岁,岁岁年年,你的亲人,你的朋友都会记住你,记住你的名字,祭奠你的英灵!"刘道远已经走了两年多,他的举止言谈、音容笑貌仍然在我们的记忆中。

我和王吉亭是多年的老朋友了。大家知道,他是很有声望的少儿读物出版家,著名作家,又是"两会"的领导。也是很不幸,他已经离开我们六年多了。他写的60万言的著述《现代常用文言书面语》和文章《编辑的"书卷气"和"义气"》,都给我留下了深刻印象,使我受益匪浅。"书面语"一书的条目达到2100多条,编辑们常用的有数百条,可见他做学问的功夫之深。

2007年7月18日上午,吉亭兄回重庆探望他大姐时病倒,住进部队的解放军324医院。我知道以后,去看望他。那时他已是肝癌晚期,躺在轮椅上,消瘦得变了形,说话声音低沉。我们双方都意识到这次见面可能是诀别。他临上车时,我强忍着告诉自己不哭,可还是忍不住,和他相拥而泣,不愿放手。7月21日是他67岁的生日,我给他发去祝福信息,并在电话中念给他听:"巴山苍苍,蜀水浃浃。兄之厚爱,永志不忘。配合医疗,盼早健康。快乐人生,岁月悠长。"他边听边叹息,重复两次说:"书敏,谢谢你!"这年8月6日,在银川的研讨会期间,我和到会的朋友们聚在一起,由我拨通了他的手机。大家先后和他通话,给他鼓舞,增他信心。他以微弱的声音感谢朋友们的关心。在病危的8月13日凌晨,他仍念念不忘亲人和出版界的同仁,以极大的毅力,强忍病痛,用了九个小时写下了"王吉亭致亲友:……我走了,唯一的意愿是希望你们生活得健康、快乐、长寿!别了,我最不忍别去的亲人和真诚的朋友们!我会在天上继续为你们祝福!"值得我们欣慰的是,他8月15日病逝后,四川乃至全国出版界的同仁们都很关注关心。四川出版界为他举行了隆重的告别仪式。成都一家报纸在8月17日以半版篇幅介绍了他的生平,称赞他是国内少儿出版界的顶尖人物,是把一生都献给孩子的"孩子王"。

2011.11.11 完稿

（李书敏,重庆出版社原社长,国务院特殊津贴专家,中国编辑学会少儿读物专业委员会顾问）

蓬生麻中不扶自直

李建明

一、在压力中成长

自己从 1990 年第一次参加少儿知识读物年会,到现在已经二十几年,回首往事,深感自己在业务上的成长是在学会前辈们督促下取得的。1990 年 7 月在太原举行的全国少儿图书看样订货会上,研究会副秘书长、湖北少儿社的知识读物编辑室主任莫世扬先生叮嘱自己:"小李,这次你一定要写篇论文带到会上。"回到社里整天忙于工作,加之自己比较懒,直到 10 月初开会出发的前一天,论文还未动笔。应人事小,误人事大。出发前一天的晚上 8 点,自己忙完其他事情才开始动笔写,写到 10 点多拿出了初稿,自己整理了一下思路

又顺着修改了一遍,忙完已 11 点多了。第二天早上,出去找人打印,并要求下午 3 点交活,人家都说时间太紧不愿意承接。无奈,我爱人让她们社的打字员帮忙打印,总算在下午 4 点多打好。我 5 点半匆忙带着论文去赶火车。这就是我给学会交的第一篇论文——《试论新时期思想品德教育读物应具备的特色》。该文的论点是,新时期思想品德教育读物出版只能加强,不能削弱;同时思想品德教育读物应具备新的特色,即要以理服人,力戒高高在上、板着面孔的说教;宣传中国特色社会主义的优越性,从纵的方面,要通过对比,运用翔实的数据进行阐述,从横的方面,既要与发达资本主义国家比较,又要与大量存在的欠发达的资本主义国家比较——总之要通过纵横比较,宣传中国特色社会主义的优越性;要从中国传统文化中挖掘思想品德教育的资料,如我们宣传爱国主义,要与中国儒家提倡的修身、齐家、治国、平天下结合起来,讲清楚爱父母、爱家乡与爱国的关系,这样做符合人的认知规律,比抽象地强调爱国主义更有说服力;还有结合孝悌观、诚信观(童叟无欺)、主人翁意识(国家兴亡,匹夫有责)等进行思想品德教育更容易使人接受。这篇文章写在中国"六四事件"之后,东欧剧变之前,该文在会上引起了热烈争论。今天看来,该文的主要观点经受住了时间考验。

少儿知识读物研究会在 1994 年以后,转为中国编辑学会少儿读物专业委员会。此后,业务研讨气氛更浓,要求也更严格。记得有一次参会,自己未提交论文。孙学刚(雪岗)主任在会上对未提交论文的出版社提出批评。正是在各位前辈的督促下,以后我在每次参会前,都认真根据会议通知上提供的论文题目,筛选出自己感兴趣的或者自己有话可说的题目,写出论文。20 多年来,我先后所写论文,内容涉及有科普读物、一般知识读物的策划编辑,编辑自身建设,如编辑的基本功,市场经济条件下编辑工作重要性之再认识,编辑的信息与视野等方面。这些文章有的在全国性刊物上发表,有的在省级刊物上发表,有的被收入论文集。在评职称或提升职务时要求提供论文或科研成果,我便把发表过的东西整理提交,所以自己也得到了撰写论文的实惠。

辩证唯物论的认识论认为:感觉到的东西,未必能深刻地认识它,只有认

识到的东西,才能更深刻地感觉它。正是在每次写论文时,重新审视自己在实践中感觉到的东西,再一次进行辩证分析,总结其规律性,从而上升到理论层面;在以后的编辑实践中运用这些理性东西再一次指导编辑工作,并且在实践中不断对理论进行检验修正。正是在一次次的循环往复之中,使自己的认识水平和编辑能力不断提高。回顾 20 多年来参加学会的活动,深感自己的成长是与学会分不开的。

二、一点期望

我们学会为了提高研讨会的研究水平,从很早就在每次会议通知中,拟定出几个论文题目,供参会者写论文时选择参考。这些题目或者紧密切合全国出版形势,或者针对编辑工作中碰到的普遍性问题,研究这些问题对提高编辑素质,服务全国少儿出版事业有很强的针对性和实用性。从每次研讨会的论文题目看,足见会议组织者的匠心独运。这样做的直接作用是:不仅督促与会者提交论文,而且使与会同志论文的内容范围比较集中,大家在会上交流时有共同语言,可以做到有的放矢,比较容易把讨论引向深入。特别是,有的论文题目要求结合一本书或一套书的编辑出版案例谈,对大家交流经验、启迪思路有很大帮助。例如 2001 年在新疆的年会上,按照会议的议题安排,上少社裘树平针对修订《十万个为什么》丛书,讲了他们怎样筛选题目,删去老旧过时的题目,补充少年儿童比较感兴趣的新颖题目,使得该书的修订版更富有时代气息,更受少年儿童喜爱;特别是该丛书出版后的市场营销策划,为了扩大该套书的市场知名度,他们怎样与上海电视台合作组织《十万个为什么》知识竞赛(竞赛题目选自该丛书),包括竞赛经费的筹措以及获奖者奖品的筹集发放。这样的经典案例介绍弥补了我们传统编辑工作中图书营销策划这块短板,使人听了开阔思路收益良多。希望学会把这些优良的东西保持下去,发扬光大,以服务于全国少儿出版事业。

(李建明,未来出版社原总编辑,中国编辑学会少儿读物专业委员会副主任)

这些年，我们一直坚守

周祥雄

　　首届少儿知识读物研究会的研讨会 1989 年在山西召开，是希望出版社承办的。第二届于 1990 年 10 月在湖北宜昌市举行，由我们湖北少年儿童出版社承办。我以会务接待人员的身份全程参加了这次会议，那时我是知识读物编辑室的一名年轻编辑。此后 20 多年，"知研会"和后来发展起来的中国编辑学会少儿读物专业委员会，在全国各地举行过十几次会议，我参加了不下十次，算是一名老资格的会员了。

　　在少儿出版界，我们是一个比较有生命力的学术团体，同期诞生的其他学术团体大多销声匿迹了，而我们的研讨活动仍保持着良好的学术品质，仍

保持着旺盛的学术生命,仍吸引着全国少儿读物编辑和其他有志于从事少儿出版的专业人员踊跃参会。

这些年,我们的学术团体能坚持下来,而且能得到业内较好的评价,实属不易。究其原因,我觉得有如下三点。

其一是始终坚守良好的学术范式。业务研讨会,"知研会"时期每年举办一次,"少专委"成立后每两年举办一次。每次研讨,都坚持严格的学术交流形式:一是要求参加会议的人员,尤其是年轻的同志提交一篇论文;二是安排专门的时间,让作者在全体会员大会上进行宣讲;三是进行论文评选,并由评审者对论文作精要的点评。这对参会的代表,尤其是年轻编辑的成长非常有帮助。作为受益者,我对此深有体会。过去我不喜欢写论文,也羞于在大庭广众之下发言。为了参加学会活动,我写了十多篇论文,每次都要花一二个月的时间。通过写论文,我不仅反思和梳理我的编辑工作,而且还学习很多新的编辑理论和知识,摸索新的编辑思路和方法。每写完一篇论文,我感觉到自己的编辑思想和业务能力都有一定的提高。经过几次论文宣讲,现在在各种大会上发言我也不怎么紧张了,语言表达能力也有所加强。更有意外的收获是:我写的这些论文因为在专业刊物上发表和进行大会交流,成为我破格晋升副编审和编审的重要条件。

其二是有一支稳定的核心会员。每届研讨会能成功举行,除了主持工作的领导操心以外,也与一批编辑室主任为骨干的会员的支持、组织和参与密不可分。这批核心会员自"知研会"成立以后,除了少数会员有变动外,大都坚持下来了。他们业务能力强,在学术讨论、业务交流中能起到示范作用;他们活泼且具有较强的组织能力,把学会的业余活动办得有声有色;他们真诚,乐于助人,使学会具有较强的凝聚力和感染力。

记得 1992 年在四川举办的那次年会,我们从松潘返回成都的那一天,真可谓险象环生。那时候,没有高速公路,车型不好,路况也差,两三百公里的路程,我们整整花了一个白天,外加大半个黑夜。上午汽车行驶在红军长征经过的草地时,又是风又是雨,不时还下起冰雹,十月天,我们在车上冻得发抖。中午时分,我们到达红原小憩,有会员因高原反应,头晕乏力,走不动路了。下午汽车在雪山间盘旋,又有人因车颠簸摇晃而摔破头皮。晚上,刮起大风,下起大雨,汽车在泥泞狭窄的山谷中穿行,时刻面临因雨水浸泡而松动的山石滚落下来的危险。司机经过一天的长途跋涉,也疲惫不堪。为了消除大家的疲劳,我们的骨干会员打起精神,一首接一首地唱起了《在莫斯科郊外的晚上》《三套车》等经典歌曲;为了让大家放松一下绷紧的神经,一遍又一遍唱起:"我们是害虫……"等黑色幽默的歌曲。知识读物研究会的"害虫",就成名于此。他们持续唱了三四个小时,有的会员嗓子都嘶哑了,仍坚持着,直到半夜12点我们安全地抵达夜宿地。

我不敢想象,要不是我们的骨干会员用高昂的歌声鼓舞疲惫的司机,驱走我们的困意,激发我们战胜困难的斗志,那一夜,在那风雨交加的山谷里,会发生什么样的情况?

其三是能在学会活动中获取较为丰富的出版信息。参加研讨会的有编辑学研究专家,也有分管的社长;有资深骨干编辑,也有刚入门的年轻编辑。虽然与会人员的身份不同,但大家来到这里都是为了一个共同的目的,探讨中国少儿知识读物的编辑业务问题。会上会下,大家坦诚相待,平等交流。在听取大会发言时,会员们得到同行出版的近况,从中找到自己的差距和追赶的目标;而在和同行的私下交流中能获得没有经过加工粉饰的真经,从而达到改进自己的编辑思路、提高工作效率的目的。记得2005年在黑龙江举办的会议上,浙江少儿社的袁丽娟跟我讲,她们编辑室几个人一年的发货码洋超过3000万。我听了非常吃惊,因为当年我们湖北少儿社全社出版的本版图书发货码洋才2000多万。我问她们是怎样做到的,她详尽地跟我讲她们如何策划选题,如何把平庸的书编辑得好看又经济。我听了之后,非常受启发。回来后,我把袁丽娟讲的结合自己的思考,形成了从选题策划、审稿加工和经营管理三个方面培养我社编辑业务能力的编辑思想和工作方法。近些年来,经过不断学习、探索和实践,我社编辑能力有了显著提高。

从少儿知识读物研究会成立到现在,25年过去了。中国编辑学会少儿读

物专业委员会也已经走过 20 个春秋了,早年的一些骨干会员有的已经仙逝,永远离开了我们;有的已退休或退居二线;还有的转岗,离开了少儿出版领域。屈指算来,曾经活跃的骨干会员所剩无几。时过境迁,现在各个出版社面临沉重的生存和发展压力,没有过去那份从容的心境,我们还能专心地探讨学术问题吗? 每当想到这些,我总有一种失落感和说不出的滋味……

学会给我和我们这代人留下了许多美好而又温馨的回忆! 我们这些老会员要把学会的好作风、好传统传递给年轻的会员,让他们担负起学会的职责,把学会办得又好又久远!

(周祥雄,湖北少年儿童出版社副社长,中国编辑学会少儿读物专业委员会副主任)

二十年的记忆

杨　初

　　我与中国编辑学会少儿读物专业委员会在 2009 年秋天的相逢，可谓是再续前缘。

　　那是这个委员会的前身——少儿知识读物研究会在四川开会的年头，是在 1992 年的秋天。那时我刚从川少社《红领巾》编辑部调到知识教育编辑室。我去后，接受的第一个任务就是参加在成都举办年会的会务工作。我的老领导王吉亭同志分管我们。有一天，他召集我们编辑室开会，向大家布置年会的会务工作，在讲完会议的意义、目的和要求后，还特别强调一句：这次活动办的好坏，对你们编辑室的战斗力是一个检验！1992 年，我们编辑室刚作了人事调整，全编辑室五个人，吴少霖同志是主任，黄德荣老师和郭孝平老师是老同

志,我和尹陵同志是新来的。于是,我问了王吉亭社长一句,社里还有哪些部门和人员参加会务工作。他坚定地回答我:"没有人啦,就你们五个!"就这样,我们硬着头皮接下了任务。

编辑室立即分工:吴少霖负责统筹,黄德容和郭孝平两位老大姐管理财务,尹陵同志负责联络,给我的任务是:安排宾馆和考察活动。会议在业务研讨之后,要组织代表考察九寨沟。那时候,到九寨沟的线路很不好走。按规定,必须具有 30 年高原行车经验的资质才能担任进九寨沟的驾驶员,于是,我直接找到了阿坝州国旅,终于确定由他们出车。

70 多个代表、会期一周、会务地点两处,这个任务够艰巨的。然而,这也给川少社的编辑提供了一次极好的学习机会,所以,我们都乐在其中。川人素来豪饮,用美酒待客,方显至顶之礼。当王吉亭同志最后检查我们的筹办工作,问我们还有什么困难时,我用陈佩斯小品里的话回答了他:"没啥说的,欢迎大家来我家喝酒去吧!"并伸开双臂,摆了一个现代话所说的 POSE(姿势)。王吉亭满意地大笑。

会议如期举行,由于担负会务工作,我没有能直接聆听大家的发言,但在会议期间,我认识了许多老前辈和同龄朋友,留下了令人愉快的记忆。那时,我刚过而立之年,正是喜欢结伴戏谑之时。我听说这个学会里有个"害虫协会",领头的是刘凡文、冯铁军。他们那时也都是风华正茂的时候,常常集体合唱"我们是害虫……",每天总是欢声笑语不断。我羡慕他们,希望成为他们这些"害虫"中的一员。但是,凡文要我报告"害虫的简历",我想了半天,也没想出我的"害处"来,凡文说我还不够"坏",所以,我一直没有进入这个"害虫圈"。一次晚餐,我去一桌敬酒,北妇社李文学老师开玩笑问我:"你是王吉亭的'哼将',还是'哈将'?"可能是我酒喝多了,没听清,便口齿含混地回答了一句:"我是'铿锵'!"王吉亭幽默地帮了一句:"小杨可是铿锵有力之士啊!"引得全桌人大笑起来。

20 世纪 90 年代初,去九寨沟的路途是很艰辛的。我们决定从北路(成都—绵阳—平武—松潘—九寨)进去,从南路(九寨—黄龙—红原—理县—汶川—都江堰—成都)出来。现在看来,这两条路可真是危险。在修建了紫坪铺水库和经历了"5·12"汶川大地震后,这两条路已经被摧毁,现在深埋在水下和山下。这条线路的风光最能代表四川盆地和川西北高原的原貌和特色,其间的险峻、雄奇、多彩令人叹为观止。一路上,许多来自北方平原地区的同志心提胆悬,既为眼前的山形胜景所折服,又为行车安全担忧,个别同志甚至不敢扭头看窗外。特别是为了赶路,车子要擦黑行驶,令大家感到不安。为了打消大家的顾虑,我和编辑室的同志不停地给大家壮胆,告诉大家开车的司机具有 35 年高原行车经验,请大家放心。

进了九寨沟,一路上的担心和疲劳顿然消散。大家在一起交流体会,采集标本,加深了解,建立友谊,这一切美好的记忆留在了我的心里,今天回忆起来,仍觉得清晰可现,有滋有味。

在这里,我要特别提到一个人,那就是中少社的曾瑶老师。记得考察黄龙的时候,由于黄龙的海拔较高,路线是一条很长的缓坡,要走上去是很费体力的。我那时年轻,体力较好,就走在后边当"收容队",专门"收容"年老体弱的同志。上山时,大家还能结伴而行,可下山时,出现了掉队的同志。曾大姐上到山顶后,我见她渐渐体力不支,面色发白,出现缺氧症状。于是,我便一直陪她下山。我们边走边聊,走走歇歇。当下到半山坡时,有人告诉我,我社年近 60 的老蒲走不动了。我赶紧返回寻找老蒲,曾大姐是个心细周到的人,她见我心急火燎地要往回跑,就对我说:"千万不要着急呀,心急会缺氧的,我陪你慢慢回去找。"就这样,本来已经很累、又有点缺氧的曾大姐真的陪着我又折回去。我们找到老蒲,搀扶着他一直走下山。

曾瑶老师待人真诚,为人善良,很关心别人。我做会务工作,一路上难免会与宾馆饭店、导游司机发生争执,每当此时,曾瑶老师看见了就会来劝解。她总是像老大姐一样对我说:"小杨,遇事别急呀。你怎么老爱上火呀。没关系,有什么事,大家会理解的。"在与她交谈中,我无意间谈到我正在编辑的《少年刘伯承》一书,但我不知道怎么进行专题申报和送审。过后,我倒是把这事给忘了。谁知,在会议结束两周后,曾瑶老师从北京给我写了一封很长的

信,详细告诉我有关重大选题申报、送审的流程和办法,并愿意帮我的忙。收到信后,我非常感动,但令我至今感到愧疚的是,当时我去参加了一个学习培训,竟然忘了给曾瑯老师回信。

一晃17年过去了。由于我工作岗位多次调换,后来没有机会参加研讨活动了。2009年,我接到参加中国编辑学会少儿读物专业委员会的研讨会通知,到了福建武夷山时,才知道这个专委会就是在当年的少儿知识读物研究会基础上发展而来的。当我见到原来的"害虫们"时,许多人拥抱了我。铁军、建明、凡文、素山、祥雄等,一个个名字唤醒了我尘封多年的美好记忆,仿佛又回到17年前。岁月无情,人事迁移,当年到四川的许多人,一些人退休了,一些人离开了,看着彼此上霜的两鬓、布满沧桑的脸额,不由得心升一丝怅然。到了2011年,我又参加了专委会在安徽合肥的研讨会。我在这两次会中,得到更多的是宽慰:这个学会的活力仍然存在,而且日益壮大,成果丰硕。

在武夷山会议,我结识了许多新朋友。学刚老师是第一个,他给我的印象很深,尤其是他圆润的普通话,清亮透彻的嗓音,使我很愿意听他讲话。他学养深厚,编辑业务精深,令人敬佩。得知他一直致力于学会的工作,为这个已存活了近20年之久的学会纵横运筹,我心里有些感动。真不容易啊,人们爱说"没有不散的宴席",可我们这个团体20多年不散,而且越办越好,都得益于学刚老师的执着和努力,这真要感谢他。

如今,什么都在变,咱们的学会也在变,老人换成了新人;研讨的议题在变,编辑理论加入新的理念。但我觉得有两条是不会变的:以创新的精神推动出版编辑学科的发展的宗旨不会变;多年形成的团结进步、学术民主、互相学习的精神是不会变的。

(杨初,四川少年儿童出版社副社长)

难忘情与谊

唐光明

　　20世纪80年代中到90年代初，为了繁荣出版事业，各省少儿出版业务纷纷从各地人民出版社中分出来，成立了专业的少儿出版社。之后，少儿图书无论从数量、质量、规模上都出现了一片蓬蓬勃勃的气象。另一方面，由于各社少儿图书编辑大都很年轻，因此急需在全国成立一些专业组织，把全国少儿出版同仁聚集在一起，大家共同交流信息，共同探讨少儿图书编辑之道。当时，贵州人民出版社只成立了专门的少儿读物编辑室，由于各种原因，至今也未成立少儿出版社。我以少儿读物编辑室主任的身份，当时先后在广西南宁参加了低幼读物的研讨会，在天津参加了文学读物的研讨会。

　　1990年秋季，我又有幸在湖北宜昌参加了少儿知识读物研究会的第二次年会。这次会是由湖北少儿社承办的。参与者除少数社领导和学者年龄较大外，编辑和室主任大都风华正茂、意气风发。会议由中少社的陈天昌同志主持，他被推举为会长兼秘书长。我也当选为理事。会议开得十分认真，对知识读物的编辑工作进行了多方面的探讨。开会期间，东道主安排了考察长江三峡的活动。当时正值三峡大坝要建之际，大家能最后一次目睹雄伟的长江三峡，都很激动，精神振奋。由于大多数同仁以前都互不认识，所以一路上，大家彼此交流，互相照顾，其亲切之感油然而生。

　　到了 1994 年，少儿知识读物研究会转为中国编辑学会少儿读物专业委员会。这以后，研讨活动更加正规化。特别是孙学刚（雪岗）同志出任主任以来，对学术化的进程更是紧抓不懈，成绩很大。我很喜欢参加这个团体的活动。在活动中，我感悟最深的有两点：

　　一、这个专委会始终坚持以探究编辑经验与理论为主旨，与会者都被要求写一篇有关主题的论文，并且对优秀论文给予评奖。优秀论文还适时辑录出版。这对于提高编辑的业务水平，提高钻研能力和树立联系实际之风起了很大作用。同时，专委会还组织人员参加各种学术探讨活动，撰写专著。2004年 7 月上旬，十几位各社的领导和编辑骨干聚集贵阳，对《少年儿童读物编辑学初探》一书的写作事宜进行研讨。我有幸为这次会议做组织工作。这本书是学刚同志亲自策划、主编的我国第一部少儿读物编辑学的专著。他约请了各社的编辑骨干参与写作。这是学会的一个标志性成果，是学会同仁智识的体现。中国编辑学会刘杲会长写了序言。海飞同志也写了序。诚如他所言："该书总结的少儿读物编辑理论，具有很高的创新意义、建构意义和时代意义。"我为能够为此书的问世贡献力量而感到高兴。

　　二、每次的编辑研讨会都开得团结、生动、活泼，热烈又有实效。会后分别时，大家都依依不舍。大家是同行，也是兄弟姐妹。学会之所以每年都开得很成功，越来越具有吸引力，究其原因，除了领导者的领导有方外，各个少儿社的知识读物编辑室主任也起了关键性的作用。他们是研究会的骨干和积极参加者，也是每次年会的具体组织者和实施者。

　　如今，我虽年过花甲，赋闲在家，但与中国编辑学会少儿专业委员会、与少儿知识读物研究会 20 多年的情结却常常萦绕于怀。我常常回忆起当年的情景。难忘孙学刚（雪岗）会长、刘道远秘书长多年来对我的关心、爱护和支持；难忘裘树平、冯铁军、刘凡文、刘铁柱、李建明、韦建成、周祥雄等兄弟般的情和谊。我祝这个团体在原有的基础上，越办越好，谱写新的篇章。

　　（唐光明，贵州人民出版社少儿编辑室原主任）

那一年，我们在椰林蓝海边增友谊

贺晓兴

我退休已有好几个年头了，因为还在北京帮助编着很难一下完工的《中国儿童百科全书》系列书，所以还能经常地和一些少儿社的编辑们有些接触。

我很感谢，不少人还能记住我这个来自"边远"出版社的老编辑。他们说，哪能忘啊，那一年你们社在海南岛承办的中国编辑学会少儿读物专业委员会和少儿知识读物研究会的学术研讨会，我们一起在椰林下交谈，在大海边抒怀，那是一个特别能让人放松、特别能让学术的交流融入情感的会，让研讨童书的意境在南海的美色中升华。

回想起那次年会来，我也很激动，对我来说那也是一次很"新"的会。因为我所在的海南出版社是个综合社，年轻的海南省不可能分化出更多的专业出版社，我以少年儿童读物编辑室主任的身份，被各省少儿出版社大哥们宽容地邀请参加"少儿社长年会"，以及包括少儿知识读物研究会在内

各专业的年会。知识读物编辑出身的我，尤其热衷于少儿知识读物年会。所以我特别申请少儿知识读物年会能在海南岛承办一次，荣幸的是被大家一致赞同。后来我又知道，少儿知识读物研究会已经在前几年转为中国编辑学会少儿读物专业委员会，但仍保留了一块牌子，而活动则按编辑学会的章程开展，以学术研究为中心内容。

那次年会，也是中国编辑学会少儿读物专业委员会换届的年会。在海边被椰树围抱的一个宾馆多功能会议厅里，我们产生了新一任主任——中国少年儿童出版社的孙学刚（雪岗）先生。他是一位很受大家敬重的资深编辑，也是社领导，大家自然要推举他担起这一重担。我因为承办会议，与他接触较多，他是位很严谨又善于听取意见的人。我们是第一次相识，对我安排会议的程序和行程，他都尽可能地尊同并极力配合。得到他的支持，我们的服务工作顺畅而且有效。我很高兴结交这位新主任，也是我的新朋友。

会议中结识的新朋友还有很多。之前的各种会议，我自觉来自小社，行为低调了一点，不太主动做"前锋"状活动，接触的人自然少了些。这次作为东道主不出头露面也不行。"新"的地位让我不得不上下活动。四川少儿社的王吉亭是个豪迈的汉子。事先要开个论文评选会，几家出版社的资深编辑先行到达海口市，王吉亭是最先到达的评委。不等我自我介绍，他就拍着我的肩膀大声地说："我知道你啊，老贺，贺老师！"于是，会下我们就成了无话不谈的朋友。当然，早先我知道他是个编"作文书"很出色的策划编辑，在我们行内出色的编辑都会有耳闻的。但他告诉我，他多年来收藏中国古代瓷盘，也有些国外的藏品，已小有规模。他说："我的大厅书柜都摆满了，呵呵，盘子里满是历史和艺术！"说得我满脸的羡慕与好奇。他说："你一定来四川哈，来我家里好好耍耍！"我使劲地点头，真想去看看他那别样的收藏。他的活泼性格使他很容易成为评委中的"核心人物"，由于他的热情和干脆利落性格的影响，我们的论文评选进行得很顺利。

其实，他在参会的各社的编辑中也是个"核心人物"。令我惊奇的是，在他周围还聚集着一群"害虫"，这群"害虫"并自名为"害虫协会"。除他之外，我记得首要"害虫"是河北的冯铁军。在他们麾下个个都是不得了的人物。我现在只记得有山东的刘凡文、和平社的李薇和甘肃的一位女编辑了。他们都是很有成就的年轻编辑,主要特色是:在会议上活跃,发表意见积极;会下的休闲时间里,创新主动地组织文体活动。"害虫协会"实际上就是一帮年轻人为主的活跃人物。他们有"会歌",是哪个广告片中的主题歌? 我不记得了。我只记得歌词的前两句是"我们是害虫! 我们是害虫!"的重叠句,有力而且充满顽劣味儿。我也要唱,因为我也成了"害虫"。王吉亭向冯铁军首荐我成"害虫"时说:"老贺不错,是个性情中人!"我笑道:"你们这个'组织'还不能随意收人啊。"他们也笑说:"那当然! 我们是要有能量释放快乐的人!"

由于有"害虫协会"的协助,我们承办的这个会议,全程办得轻松愉快而富有成效。至今我还记得,在亚龙湾的海滩边的夜色下,"害虫"们带头歌唱做游戏,刘凡文和冯铁军领先玩起了儿时的"拐腿",大家便抱起自己一条腿,一对一对地在沙滩上蹦跳着去别对方抱起的那条腿。大家顿时回到了童年,欢声笑语盖过大海的波涛。那是很难忘的夜晚。游戏之后,三三两两的或在婆娑的椰树下散步,或在海滩边畅谈,交流着工作之中的体验,诉说论文之外的童书追求。在海天月色下,大家的心中满溢了友谊。可惜的是,会后我没法去四川王吉亭家"好好耍耍"了,他前些年因病离开了我们,我很怀念他。

整个会议中,我们有很多交流的时光。海南岛宜人的气候和美丽的风光,让人们自然地轻松下来,而且很兴奋。彼此交流也就成了同样自然的事,留下的印象也极为深刻。我记得我和上海的裘树平、黑龙江的王朝晖、陕西的李建明、重庆的李书敏、江苏的孙全民,还有中少社那朴实的王洪涛,还有好多人,都有过深入的交流。不少是新增的朋友。从中我学到不少东西,而且在之后的日子里,也得到过他们不少的帮助。裘树平是位不轻易显山水的稳重编辑,他责编并拓展的《十万个为什么》至今响亮在全国小读者的嘴上,我不由自主地要向他讨教,我工作或旅行多次到上海去见过他,他热情接待与帮助如同哥们,我很感谢他。

那次会议的十多年以后,江苏少儿社的孙全民又出现在我的面前。他说

他退休了，在北京女儿家带外孙，还在劲头十足地搞些创作。他带外孙很精心，有内容全面的"育儿记录"，他太太是幼儿园资深教师，女儿是接力出版社的编辑。我正巧在北京大百科帮着程力华编《中国幼儿百科全书》。善于团结人信任人的程力华自然不会放过他，于是他也热情地参与了这部书的编写，给书增色不少。我们成了"战友"。我很喜欢耕作不息的他。

那一年，让我收获得那样多——宝贵的经验，深厚的友谊，经久的朋友，让我永难忘记！

（贺晓兴，海南出版社少儿读物编辑室原主任）

这里，有他们

程力华

这里——中国编辑学会少儿读物专业委员会；他们——一群专职为少年儿童制作精神食粮的编辑。在这里我与他们相识，并有幸成为他们中的一员。虽然十几年中与他们相聚的次数不多，每次相处的时间又很短暂，但留给我的收获和快乐都深刻在我的记忆中，永远也抹不去。

记得第一次走进"这里"是 1999 年，在海口。非常感谢把我带入这里、带入他们中的引路人贺晓兴老师，让我一下子认识了那么多少儿出版领域的编辑老师。就在那次的学术研讨会上，我知道了，原来少儿读物出版中还有那么多的学问（此前我一直是做成人百科全书的编辑出版工作的）。此后我便开始和他们一起在"这里"定期召开的学术研讨会上"交流少儿读物的编辑工作、研究少儿读物的编辑问题、探讨少儿读物的编辑规律、关注少儿

读物的未来发展"。

也许是做着与儿童相关的阳光事业,这里的他们不仅天性活泼、热情、有情趣、有担当,就连学术论文的内容和交流风格也与众不同。记得在一次研讨会上,好像是贵州出版社的一位编辑老师,在交流她的研究成果《少儿读物编辑的语言修养》时,穿插了很多少儿读物中的儿童语言对话,并且现场用儿童的语气朗读出来,把本来严肃古板的学术问题阐述变得既活泼有趣、又说理明白,就像上了一堂生动的案例教学课。

他们中的很多人既是资深的少儿读物编辑,又是优秀的科普作家,与他们的每一次相聚,都是一次难得的业务学习机会。待人宽厚热情、业务精深的贺晓兴老师、刘道远老师,在我编纂《中国儿童百科全书》的过程中,曾给予我最直接、最到位的指导和帮助。当我得知裘树平老师是学生物的出身后,我便多次向他请教生物学中的科学概念。他通俗到位的讲解既表现了他精准的科技学识,更体现了他纯熟的编辑专业素养。后来,我们在准备编纂《中国幼儿百科全书》时,曾专门到上海开过两次编纂座谈会,请裘树平老师和他的同事们帮助出谋划策。而他们中的王洪涛老师、孙全民老师也成了我这套书编纂中的审稿专家和优秀作者。也是在这里,我曾与袁丽娟老师聊起少儿图书在店堂的摆放问题,她以自己的切身体会给我讲解了怎样设计图书的封面和开本,才能在陈列中收到最佳效果(这些以前我编《中国大百科全书》时根本不用想的问题,而做少儿图书的编辑则是必须要面对的课题),这些经验真的使我获益匪浅。

其实与他们交流、学习不仅仅局限于学术研讨会,每次相聚时会外的文化探寻和考察,也是一次很好的再学习和增进了解、享受友情的美好时光。我曾与他们一起到泸沽湖考察中国最后一个母系社会的生活状态,去西双版纳体会多民族大家庭的文化差异;也曾和他们一起在黄河漂流中感受大自然的壮美,从贺兰山岩画里寻觅远古人类的文明奇迹。记得2009年的那次研讨会,明天社的刘凡文老师领我们走进了武夷山脚下的一间茶社,喝着茶社老板亲自沏的清香的武夷岩茶,听老板娓娓讲述武夷岩茶的历史趣事、种类划分、市场表现，我不仅感受到了茶文化的博大精深，更享受到了茶文化带来的身心愉悦和放松。

一晃十几年过去了，在这里与他们的相聚、相交，不仅丰富了我的职业人生，也让我增长了学识，提升了技能，结交了朋友，收获了快乐！因此，我由衷地感谢这里，感谢这里的他们。

（程力华，中国大百科全书出版社少儿分社原社长）

关于科普的断想

王 钢

中国编辑学会少儿读物专业委员会成立 20 周年,要出版一本纪念文集,孙学刚(雪岗)先生力邀我写点东西。因为忙——忙到了不知道在忙些什么的地步,却之再三,最终感于孙先生的盛情和执着,提起了尘封多年的笔。

我在 2009 年和 2011 年,先后两次参加了"专委会"在福建武夷山和安徽合肥召开的研讨会,虽然时间很短,却印象很深。这是一个学术气氛很浓的团体,其论文的交流和研讨很有深意,对我有很大启发。特别是关于科普读物的现状和它的内涵,我总觉得有话想说,不妨就借此机会写几句。

我是在这个团体成立之后才进入少儿出版业的。近 20 年的光阴,沉浮于书的江湖,随波逐流,很少静下心来,想想现实之外的事情——原本的我,不是这样子的。

小学一年级的时候,曾读过一本科普小书《人和宝藏》,里边的故事让我如此着迷,我睁大了好奇的眼睛:世界上原来有这么奇妙的知识!这是我懵懂的少年时代印象最深刻的一本书,是我最初的启蒙读物。时光流逝,书的内容已经淡忘,而对知识的兴趣和渴望,却化入灵魂,让我终生受益。前年,我专门在孔夫子旧书网上淘了一本1964年上少的初版初印本,欲以旧梦重温。

多年之后,我放弃社会科学研究,选择出版为业,重要的原因,便是对科普出版的向往。那正是一个至今回想起来仍令人激动的出版时代,同事们怀抱理想,充满激情,意气风发,立志开启一代风气。

在当时似乎稚幼的观念中,我们憧憬地认为:尽管五四运动过去已近80年,但中国的文化启蒙,依然任重道远。"五四"的两面旗帜,"民主"之外,"科学"仍然没有被大众真正认识。那么,献身科普,正是对文化启蒙使命的承继。

寒暑交替,随着出版年龄的增长,我对于科学和科普图书,也有了更多的理解。

近代以来,我们认识了科学,认可了科学。可以说,"科学"已经成为"正确""好""进步"的代词。然而,"科学"的本义,似乎又在熟视无睹中离我们越来越远。

我曾有意识地问过许多人,包括一些有着多种头衔的自然科学从业者、高校教师:"科学是什么?"我常常看到一脸茫然。

科普,甚至到了需要从对"科学"两个字的认识开始普及的地步。科学是什么?尼采、达尔文……大人物们都有不同的定义,大百科全书的描述,更需要科普来解释。

在我的未必精确的理解中,很简单,科学就是这样一门学问:寻找因果关系,进而得出规律。

科学是与神学相对的。神学把最终的因归于神,上帝恩赐或佛祖使然;而科学,则希望找到存在于事物本身之间的原因。

科学有自己的方法,观察、实验、假设、求证、统计、计算等,还包括诸如可重复性、可证伪性的一些原则。

那么,科学的目的或者说意义是什么?人们常说是造福于社会,使我们的生活更为便利、舒适。但是我想,这些功利性的作用,只是科学的副产品。其实,很多科学的结晶,给人类造成了巨大的灾难。科学的意义可能很简单:满足我们的好奇心。这种非功利性,应该也是科学的一个特质。但好奇心——对于未知世界认知的渴望——是创造力的源泉。

当这些方法、原则,以及与之相关的特质不断被接受,潜移默化为意识的一部分的时候,就成为科学精神。这带有浓厚的人文色彩。

介绍科学知识和科学方法,培养科学兴趣和科学精神,才是完整的科普图书的任务。而相当长的一个时期,科普被理解为对科学知识的普及。但我想,我们更需要的,是科学方法和科学精神的普及。当今,许多怪诞的社会现象,都与缺乏科学方法和科学精神有关。

在这种理解下,我也希望,有一个推广科普的概念,即不仅包括自然科学的普及,也包括人文科学的普及。同时,在自然科学普及的图书中,融入更多的社会科学的关照,同时在社会科学普及中,加入更多的自然科学实证,类似于《国家地理》(National Geographic)和探索频道(Discovery Channel)那种样子的东西。

在我的出版经历中,曾作过一些尝试和努力。在《神奇的雅鲁藏布大峡谷》一书中,我们与作者多次沟通,增加了人文的章节,其后,又专门邀请那批作者编写了《科学家探险手记》。我们引进版的《非常名人》《玩转历史》,也属于角度新颖、叙述方式独特、带有人文科普性质的读物。当时曾希望能够借鉴他们的表现手法,组织一批以中国文化为题材的人文科普图书。

可是,这些星星点点的图书,远没有达到我向往的境界。

回顾在出版业走过的岁月,我越来越困于"企业经营"的樊篱,为利润目标所迫,被"市场需求"所逼,许多精力和时间,投入到教材教辅图书中,出版了一套又一套的作业、练习册,甚至还出版过一套叫作《双休日作业》的教辅,去剥夺孩子的假日……冠冕堂皇的理由是,企业需要利润,企业需要生存,我的选择必须顾及企业,包括企业员工的利益。

我觉得惭愧和悲哀，尤其在我看到同行的朋友推出的优秀科普图书,看到央视九套(纪录频道)那些令人痴迷的节目时。

也许,我不是一个合格的出版人,但这悲哀,应该并不是我一个人的。希望能读到这些文字的青年编辑,能勇敢地走自己的路,不再有这样的悲哀。

感谢孙先生,给了我一个反思和检讨的机会,并让我警醒,想想明天该做些什么……

(王钢,海燕出版社原总编辑,文心出版社社长,中国编辑学会少儿读物专业委员会副主任)

我们在这里沟通信息，开阔思路，建立友谊

赵　萌

我离开工作岗位已经多年了，距最后一次参加中国编辑学会少儿读物专业委员会的活动，也已经很久了，但是每每回想起那时的情景，还是会涌出温暖的回忆。

我是 1995 年从《少年科学画报》主编岗位调到北京少年儿童出版社担任主持工作的副总编辑的。因为长时期从事科普杂志的编辑与出版，转至图书出版，自然也会把工作的特色和重点放在科普类图书上，因此得以参加一些相关的业务研讨活动。其中就有中国编辑学会少儿读物专业委员会的学术活动。我在参加活动的同时，也与这一业界的同行相知、相交。

这个"专委会"的主任是中国少年儿童出版社的副总编辑孙学刚(雪岗)，秘书长先是刘道远，后是王洪涛。孙总年纪和我相仿，是一个比较严肃、爱思考问题的人，有一点不苟言笑。他主张学会的活动要有学术性、有思考力，经常组织学术论文的撰写，每一次活动的重头就是学术研讨、论文交流，逼得你想懒也懒不成。所以参加这个学会的活动，会有一点压力。但是回想起来，学会这样坚持下来，这一点压力倒是促进了少儿读物的编辑们形成思考和总结

的好习惯,迫使你把自己做过的工作进行梳理,把实际工作中那些零散的、随机产生的好点子、好思路、好方法,上升到理性的层面,探寻出少儿科普的规律和方法,使自己的工作摆脱盲目,摆脱简单重复。

还有就是会上的信息交流,也让人受益匪浅。我这个人比较喜欢尝试新东西,喜欢琢磨少儿科普图书的文体创新,我的经验就是少儿科普图书要想成功,内容选取只占一半,另外那一半甚至更多的分量在你选取的视角、切入点、语言,以及表现手法、表现能力。所以我们一直在尝试以孩子喜欢的、时尚的、新颖的、活泼的表现手法,融入严肃的科学内涵,以增加科普图书的趣味性和可读性。我们的《漫画科学史探险》丛书(获得"五个一工程"奖)、《漫画文明史探险》丛书、《漫画金头脑》丛书(获得"五个一工程"奖、国家图书奖)等等,就是在这种思路下产生的,而且都取得了不俗的市场表现,基本都是3万套起印,多的达到十几万套。

但是有时候,创新也要结合国情,也要调查市场的接纳能力,也要估计一个新的产品所需要的市场预热期,就是"要做先驱,而不要做先烈"。这是需要很多思考、调查和实践的。在学术交流会上,听一听同行们在做什么、想什么,效果怎么样,反过来想一想我们自己的工作,有时会有一种顿悟。记得印象深的是一位女编辑的发言,她讲她们是做"轻武器"的思路,不一定都去"研究核武或新式武器",有时候在现有种类的基础上,改变一点角度,改变一些形式,把它做巧、做精,也可以取得不错的效果,这样的书也要占有一定比例,因为它的投入产出比高。后来我们做了一种在传统名著的基础上二度创作、增加科学认知的内容,也取得不错的效果。

参加学术研讨活动,确实给我们带来了工作的动力,也带来了灵感。

(赵萌,北京少年儿童出版社原副总编辑)

情系鸣沙山

张立新

从呱呱坠地到蹒跚学步，从青涩学子到走上工作岗位，我一直生活在四季分明、一马平川的北方，直到 26 岁，从未跨过黄河一步。

1996 年的盛夏，一纸会议通知，把我带到了心驰神往的甘肃，也是人生第一次跨过黄河，从东北平原来到西北大漠。

我要参加的是中国编辑学会少儿读物专业委员会和少儿知识读物研究

会的一次活动,与会的各社同行,对编辑的业务进行了交流,商讨了活动的计划。这是我第一次参加学术活动,使我开阔了眼界,增强了对编辑工作意义的认识,对后来的业务长进有着长远的作用。同时,那次西北之行的一次经历,也给我留下了难忘的印象。

会议安排大家到敦煌考察。这是我一直向往的。我们从兰州出发,一辆大巴穿行在一望无际的戈壁滩,经历了高温、爆胎、曝晒,一路上除了石头还是石头。大漠干燥而酷热,高温蒸发过后留下的盐和硝,白白的,一洼一洼的,在戈壁滩上格外耀眼。戈壁滩上唯一能见到的植物就是红柳,稀稀疏疏地、懒懒洋洋地蔓生在地上。没有柳的婀娜多姿,有的只是粗糙和萎靡。可就是这一点点的绿,清润了我们疲惫而干涩的眼睛。

来到了敦煌,已是傍晚时分。我们到了鸣沙山。来这里的游人非常多,热烈、踊跃、兴奋、嘈杂,但处处体现着快乐。各路人等混成一个个编队,骑上温和柔情的骆驼,在惊叫、欢笑声中,在悠扬的驼铃声中,迎着夕阳向沙漠深处走去。鸣沙山实际上是由一个一个沙丘组成的。沙子是那么的软、那么的细,黄澄澄的,暖暖的;沙丘一个个被风切得棱角分明,平如镜,同时又是那样圆润、丰满,使人不得不赞叹大自然的鬼斧神工。鸣沙山下被绿树环绕的是著名的月牙泉,在沙丘的映衬下,宛如柔美的少女,恬静、清澈,充满生命的活力;又像在这混沌、荒凉的大漠中,神明注视芸芸众生的眼睛。

我们彻底敞开自己的胸膛,扑向大自然的怀抱,忘却了疲惫,忘却了烦恼,忘却了时间,像孩子一样,尽情地翻滚着、嬉闹着。月亮爬上来了,鸣沙山和月牙泉又进入了另一个世界。大家静静地坐着,凝神注视,或许是在期许、思考,或许是在回忆、感悟。

"半个月亮爬上来,咿呀呀,爬上来……"不知谁的歌声打破了沉静,渐渐地,有些人在应和着,慢慢地,山上所有的人都唱了起来,是那么动听,那么和谐。就这样,我们一直唱着唱着,直到天明……大漠给人的感觉往往是荒凉、冷漠,可月牙泉边的青草、绿树,那是生命的延续,是生命的灿烂。鸣沙山、月牙泉、莫高窟壁画、大漠飞天,无不是对生命的讴歌,对生命的礼赞。我感受着

这些，不由得把它和我从事的少儿出版业联系起来。

9 年之后，2005 年，我们龙少社在哈尔滨也举办了一次研讨会。当年还很年轻的我，这时已经是社级干部了，参与组织了会议的全过程。我尽我的能力把会议开得圆满和丰富多彩，而这样做的动力，就来源于我对我们这个集体的感情。如今我已经从一名涉世不深的青年，走入不惑之年，经历了青涩、奋进、迷茫，逐步成熟起来，可每每回想起参加学会活动聚会的时候，心里满满的是幸福、快乐、不舍和期盼。

（张立新，黑龙江少年儿童出版社社长，中国编辑学会少儿读物专业委员会副主任）

有关宁夏会议的回忆

金孝立

中国编辑学会少儿读物专业委员会成立 20 周年，少儿知识读物研究会成立 25 周年，这是件值得纪念的事情。这些年，我们宁夏社承办了几次全国性会议，扩大了影响，受益也很多，尤其在信息方面得到了不少的帮助，这对于地处西北、发展相对落后的宁夏少儿社来说更是难能可贵。其中，少儿读物专业委员会的那次研讨会给我的印象极深。

我是 2006 年开始主持宁夏少儿社工作的。到任后我得知，早在 2004 年，

我社领导高伟社长就和中国编辑学会少儿读物专业委员会的孙学刚（雪岗）主任商定，在 2007 年举办一次编辑的学术研讨会。以往，我参加过不少各种各样的年会、研讨会，对这种会议的一些弊端有了许多先入为主的不好印象。但是通过参加筹备和参与这次学术研讨会，改变了我的一些不佳印象。这个团体的学术气氛十分浓厚，与会代表身上表现出来的对少儿读物研究的热情、严谨和学术性，增强了我做好少儿出版工作的信心。我对那些在少儿出版上很有建树的代表极为钦佩。

先说说热情。热情是做好各项工作的基础，尤其是个性化很强的出版工作更是如此。在这届讨论会上，提交论文的很多，与会的、没到会的，很多编辑提交了论文。在宣讲会上，代表认真发言，研讨也很热烈，不同观点的交锋时有发生。一些与会的社长、老总也提交了论文，参与了研讨，表现出和年轻编辑一样的积极性。我当时深深感受到了我们少儿出版人对出版事业的热情。

再者是严谨。由于宁夏少儿社是东道主，我参与了论文的评选。这个评选和有些研讨会论文评选完全不同，不是几个评委坐在一起，把论文大致看一下，把领导和一般编辑平衡一下，把各省区的数量平衡一下就行了；而是把论文发给各位评委，一篇一篇看，一篇一篇过，先说明优点，提出理由，各自确定等级，然后几位评委再集中，反复权衡，最后定出等次。孙主任一再强调，只看文章质量，不看作者是谁。所以评选的结果公正、公平。这种论文的评选，既是对作者负责，也表现出了学术研讨的严谨。

最后一点就是学术性。学术论文可以不"穿靴戴帽"，少点繁文缛节，但是一定不能少了学术性。在这届研讨会上，不少论文的学术性都挺强的。具体的篇目已经记不很清楚，但是有材料，有观点，有比较详细的论证过程，而且在论证中，材料翔实，观点鲜明，增强了论文的学术性。孙学刚先生作为会议主持人，也提交了自己的论文。他对把编辑分为"策划编辑"和"案头编辑"的做法，表示反对。但他不是批评指责，而是提出了"驳议"，在文章中进行了有理有据的论证，写得很精彩。他希望与会者对此进行讨论，不同意见尽可直言。这种学术民主作风十分可贵。大家纷纷发表看法，各抒己见。有的赞同，有的提出疑虑。陕西未来出版社的李建明总编等都有很精彩的发言。会议还讨论了少儿出版的严肃性和过分娱乐化的问题,以及编辑个体怎样处理市场化的大众作品和自己偏爱的小众作品的关系问题。我也被"专委会"的浓厚学术气氛深深感动。

会前,孙主任提议,请宁夏著名作家张贤亮做一次文学讲座。我们多方联系,张贤亮当时不在宁夏。我便请了宁夏作协副主席南台(王雄)来做报告,他讲了文学创作的形势和自己的创作体会,对大家颇有启发。

总之,2007年的编辑研讨会,开得很成功。可以说,它是我参加的研讨会中最难忘的一次。我为能具体组织这样的会议而感到高兴。

2009年,全国出版单位转企改制后,宁夏少儿社更名为阳光出版社,并变为综合性出版社。这之后,我们和全国少儿社的联系少了,参加的各种会议也少了。挺遗憾的。但是,阳光社的少儿出版还是重点之一,希望以后和兄弟少儿社多加强联系,再续前缘。

(金孝立,阳光出版社副社长、副总编辑)

找到"组织"，收获精彩

佟子华

2007 年 8 月，我第一次参加中国编辑学会少儿读物专业委员会在银川举办的研讨会。见到了许多童书编辑，我特别高兴，觉得一下子找到了"组织"，有种回到了"队伍"的感觉。各社的编辑们见面特别亲，没有陌生感，话匣子一打开就会唠个没完。从编辑的图书到出版社的改制，从自己的苦恼到出书的喜悦，都聊得特别畅快。为了参加那次会议，我特意准备了一篇论文，在会上宣讲。

自打大学毕业到工作岗位之后，我就很少写论文了。接到通知的时候，一看有论文的要求，我便对这个"组织"有种肃然起敬的感觉。因为它特别重视编辑的学术修养，重视编辑理论与实践相结合的能力。那次论文研讨会上，各位编辑从不同的角度阐释自己在工作中的理论心得，使我颇受教益。对有些问题还进行了讨论，不同见解展开辩论，和其他研讨会的气氛大不相同。

接下来的时间里，我有幸和许多老师有了单独交流和讨教的机会，更是获益匪浅。短短几天，我也感受到了东道主宁夏少年儿童出版社各位编辑的热情、好客。他们给我介绍宁夏的风土人情、地域特色，使我对西北这片神奇的土地有了更深刻的体会和真心地喜欢。第一次参加会议的感受，真是既兴奋又快乐。

回到工作岗位后，我和会议上有幸结识的专业委员会主任孙学刚（雪岗）、秘书长王洪涛等老师经常打电话、发邮件，他们给了我很多指导和帮助，让我非常感动。我想请雪岗老师为我编辑的一套书写篇序言，他欣然应允。在写序的过程中，他不时打电话问我要样稿，要作者简介，还嘱咐我一定要注重编校质量和知识的准确性，这使我对雪岗老师的为人和学术修养都特别敬佩。所以，接下来的几次会议，我都积极参加，觉得每次和这些老师交流，都特别亲切，生怕错过每一次宝贵的学习机会。

每次到北京，最高兴的事就是见到雪岗和王洪涛老师，他们也十分关心我的成长和点滴的进步，经常鼓励我。雪岗老师还赠送给我他的大作《雪岗文集》《女词人李清照》等书，王老师赠送给我他做责编之一的获奖图书《中华人物故事全书》。这些图书我都认真拜读，从中学习到了很多宝贵的编辑经验，这对我从事编辑这个行业都会终身受益。

我十分感谢每次会议的组织者和主办出版社，他们周密组织，精心安排，付出了很多的心血，使会议越办越精彩。我也十分珍惜参加每一次会议的机会，因为不但能收获行业最新资讯，而且还能结识那么多良师益友。我已经连续参加了三次会议，结交了很多童书编辑，学习到了很多知识，我感觉大家都有一颗纯净的童心，都有对小读者的责任感和使命感，还有对事业的执着追求和热爱。每次相聚，我都觉得时光短暂；每次相聚，我都保留住我们合影的珍贵瞬间；每次相聚，我都期待下次的重逢。每次读到"专委会"出版的论文集，看到同仁们精彩的论文，我都会想起他们独特的风采和魅力，想起和他们在一起相聚的快乐时光，想起演小品的张立新，爱唱歌的吴琳，朗诵诗歌的孙全民，讲笑话的张玲、岑建强，骑士打扮的裴树平，爱笑的才女吴娟，做事严谨

的王笑非,爱摆 POSE(姿势)的吴婷……

　　参加中国编辑学会少儿读物专业委员会的学术研讨活动,使我对理论研究有了新的认识。这些年,因为忙于工作,追求效益,很多人把实际利益看得很重,而忽视理论研究的意义,也失去了编辑活动的文化内涵。今后,我们都要把提高理论修养作为一个目标追求,提升编辑队伍的素质。我真心祝愿我们的会议越开越好,我们的收获越来越多,我们的队伍越来越壮大!

　　(佟子华,北方妇女儿童出版社副总编辑)

我的编辑工作随感

许国萍

作为一名童书编辑和策划人，每天的工作都是快乐而忙碌的。当孙学刚(雪岗)老师希望我写篇随感小记时，我掐指一算，我从事童书编辑工作已经 16 个年头了。要想成为一名合格乃至优秀的童书编辑，那是需要长时间的历练和不断地学习的。在我从事编辑工作 12 年之后，2009 年，单位推荐我成为中国编辑学会少儿读物专业委员会的委员，在欣喜之余，我也感觉到了责任。

2009 年，我第一次参加了中国编辑学会少儿读物专业委员会在武夷山举办的学术研讨会，会议的主题之一是少儿知识读物的编辑工作。这次会议让我收获良多。会议期间，我认识了很多从事少儿图书编辑的老前辈和专家们，感受到了少儿读物编辑所特有的专业性和严谨性。各个专业少儿社都带来了非常优秀的编辑论文和图书，大家认真地宣讲自己的论文，进行探讨；同时，优秀图书的展示更是一种直接的切磋，很多参会的编辑老师都拿着自己亲手编辑的图书与同行进行交流。我认真地吸取着各位老师带给我的各种方法、经验以及教训。作为一个年轻人，这样的学习机会弥足珍贵，因而，参与这种研讨会的重要性和必要性也就不言而喻了。

　　当时，我社在知识读物方面的出版工作不够多也不够强，我们的大部分知识读物都是从国外引进的，原创的内容很少。我记得在这次会议期间，我跟苏少社的孙全民老师交流得比较多，我也跟他谈到了自己对知识读物出版的一些看法。首先是形式方面：意大利博洛尼亚书展我每年都会去，并常常被国外那些精美的手绘科普读物所吸引，我感觉配有手绘精美图片的科普读物更让人有亲切感；而国内出版的大部分少儿科普读物插图采用的是照片，精美程度受到限制。其次是内容方面：由于我对知识读物的作家了解不多，优质稿源就成了问题，而从国外引进一些优秀的知识读物，然后进行翻译和必要的改进，这对我来说却是十分擅长的。我给孙老师看了一套我们从意大利引进的"贝贝熊也着迷的科普图画书"，这套书共 4 册，分别是：《有趣的人体》《有趣的自然》《有趣的工作》和《有趣的历史》。孙老师给我提了很多宝贵的意见和建议，其中给我印象最深的一段话是："从事知识读物编辑工作一定要有严谨的态度；知识点一定要正确，不能误导孩子；在出版之前一定要请相关知识的专家把关。"

　　这些话我一直受用至今，同时也把这个思想带给了其他的编辑，去要求其他编辑。例如，在出版苏联作家比安基的《森林报》系列作品时，这种观点就对具体编辑工作起到了很好的指导作用。这是一部文学性的经典知识读物，在几年前进入公共版权领域，市面上也随之有了不少中译本。但我发现，市场上销售的《森林报》插画水平都不是很好，大多只是直接扫描原本清晰度不高的插图。我想，如此经典的文字应该配上精美的插画才能让小读者更喜欢。为此，我们请了最擅长画动物的画家重新创作插图，对插图的生动精确性和神态的拟人传神性进行了要求。为了达到理想的插图水准，插画家花了一年多时间才画好插图。在翻译方面，我们找的是当今著名的俄罗斯文学研究者和翻译家韦苇老师，韦老师的文字非常流畅有趣；在最后定稿时，韦老师也提醒我们最好去找懂俄语的专家再把把关。我们本着对大自然的崇敬和对知识读物的严谨态度，请中科院的老师对照俄文原著校译了四册书中的全部文字。没想到，在其中一些动植物名词的准确性上真的存在问题，比如，文中提到的爱打架的体格强壮的"麋鹿"，其实应当译作"驼鹿"。专家指出：麋鹿不但是我国特有的物种，而且也没有文中所提到的那些习性。这无疑会对孩子造成误导。因此，虽然其他中译本都将文中的动物翻译为"麋鹿"，但我们在经过仔细求证之后将其改正为"驼鹿"。通过这件事，我对孙老师和他的指点更加心存感激。我想，新一代的编辑就应该是这样在老前辈的真诚引导下，通过实践成长起来的。

从 1997 年大学毕业至今，我一直就职于新疆青少年出版社，其间没少得到社里社外前辈们的点拨和指引。通过十几年坚持不懈地努力和发自内心的热爱，我不断积累经验，目前致力于图书选题策划、编辑、营销、管理等多个方面的工作。在工作中，我一直本着兢兢业业、勤勉严谨的态度，始终以弘扬主旋律为己任，坚持正确的出版方向；在美术设计方面用心钻研，在选题策划方面积极进取，在经营管理方面虚心学习、勇于实践。

作为一名少儿图书编辑和策划、推广人，经过这么多年的实践和经验积累，我也总结出了一个优秀的编辑一定要具备的几项素质：一、扎实的专业基础和过硬的专业技能；二、敏锐的市场洞察力、极强的选题策划能力和图书营销能力。每一位优秀的编辑都应该是一位产品经理，一旦发现并确定了一套好书，就要对它有信心，并且想尽各种营销方法对它进行宣传，让读者知道并了解它。一定不能轻易放弃，要做到坚持、坚持、再坚持，这样最终一定会收获喜悦的果实。

优质的少儿书对孩子的教育作用是超乎人们想象的，是润物细无声的，这也是我最享受这份编辑工作的原因。我会为之奋斗终生。

（许国萍，新疆青少年出版社副总编辑）

海沙、山松、飞沙堰

冯建华

　　时间过得挺快，不知不觉，中国编辑学会少儿读物专业委员会就要 20 岁了；如果加上它的前身少儿知识读物研究会，就已经 25 岁了。

　　过去，我对这个团体不甚了了，皆因长期做科技图书和科普杂志，虽然也与知识读物交往密切，却是跨行作业，对少儿图书的了解就如同皮毛之孔见，这也是整个出版业呈条块分割、子行业壁垒森森、细分门类泾渭分明——所

谓的专业使然。我对专业少儿社的运作规律更是如同瞎子进深山——一头雾水。后来阴差阳错做起了少儿图书,由此接触了有关的业务研讨并结识了许多朋友。

第一次窥视专业少儿社的真切模样,是在1999年3月间的海南研讨会上。那年我转做少儿书刚好半年,有幸随蒲华清、钟代福一同与会。这个团体对理论研讨相当重视,宣讲和评选论文认真严肃,给我留下很深的印象。我也由此认识了这个组织,认识了新老两任主任(会长),因为那是换届之会,黄伯诚和孙学刚(雪岗)二位完成了交替。最难得的是,通过交流和学习,对少儿读物的特性,我有了具体的了解,对今后的工作有很多帮助。

除了业务交流以外,海南会在气氛上,也是颇有少儿特质的。在会下的交往中,与会者活力四射、活蹦乱跳、大呼小叫是其一;用餐时大块吃肉、大碗喝酒、豪放不拘是其二;白天研讨考察、夜半下海赶潮、婆娑椰影多故事是其三。有趣的小插曲很多。亚龙湾的细沙,椒盐的番石榴,如血的玳瑁,成片的烂尾楼,与会者如梦的歌喉、如魅的舞态……都留在我的印象中。

那时的海南建省时间不长,留下的印象是很生态、很浮华。从海口到三亚,炊烟稀少,人影几无,在兴隆路边购物场的滕架上,壁虎时隐时现,全然把人看作了动物,眼珠子平祝着滴溜转动,两片小嘴唇张合有度地念叨:"你们来干吗?"海口的现代化建筑很多,但在一些马路小巷子还有如过江之鲫的"红嘴鸥"。晚饭后遛街是要鼓足勇气的,因为一不留神左臂右膀就粘挂上了"红嘴鸥"。标准的做法是退半步,轻拂袖,快抽身。"红嘴鸥"眼珠子平望凝视,两片红嘴唇一张一合地念叨:"你们来干吗?"

随后的几次研讨会,我因诸多原因未能成行。

转眼到了2011年初夏,我在安徽合肥又参加了一次研讨会。还是那么认真,还是那么规范,令人难忘。在皖南的考察中,我们领会了安徽文化的古朴和深厚。值得一提的是龙川,此地风水甚佳,既有近看小桥流水人家的风范,又有远望大山溪河谷地的形貌,一张一弛,一动一静,貌似活力与灵气的糅合,尤其胡(大姓)—丁(小姓)的几百年组合而不散架颇有点意思,从胡、丁各

自的房屋形制,房基的排布安置,房屋正门的朝向,无一不见主仆之别,更有点意思的是主仆的位置几百年来没颠倒,这是很难的。主仆的大小姓组合在东南西北各地的乡村是常见的,更常见的是几乎都颠倒了主仆,一二百年或二三百年必然颠倒一次或多次,不管在主姓的祖地上是否有深埋于地下的石碑铭刻着初始时的主仆名分之分。真胡与假胡大概也是皖南较为显著的特色。几乎没有例外,假胡都言是李氏后裔,西递、龙川的胡姓皆称先人于晚唐年间为避祸而迁徙至此,其间都有很相似的故事,估计应是李氏后人迁入某乡村后,随着岁月的演变而发散到周边,渐渐地兴旺发达,相似的故事就随之传播开来。

2013年于四川是不太平顺的一年,原定6月召开的成都研讨会跌宕起伏,一再推迟,终于在步入深秋时节成功举行了。成都会与往次会有点不一样,除了必行的论文宣讲和评选之外,科普和科考是主基调,上北川、下都江堰、探金沙、转锦里,都给人真切的知识。科普读物毕竟是和科考关联的,有赖于科学的实地考察与普及传播。2008年的大地震,给人们带来了巨大灾难,也留下了重大的科研课题。北川的考察使我感受到人类生存能力之强,于地震知识之外,又有一层感动。20年前去过北川,它的风物极有特色,地貌、传说、民俗、变迁是很多地方没有的;老县城坐落于夹皮沟,打望天空需直脖抬头与肩膀成90°角,方能把天看全。新县城有一点像成都的沙盘版了,赶巧遇上了羌族新年,人多很热闹,形式感胜于内容。其实北川最具特色的还是羌藏老腊肉、风干牦牛肉和羌家乐、藏家乐,诱人的山货也不少,老腊肉煨高山洋芋、烧烤风干牦牛肉伴一罐咂酒,风味极别致。让人着实没想到的是北川的烟熏豆腐干也是很有品位的:远看像块石头,近闻有股烟香味,入口外皮梆硬内肉绵软,蘸上一点花椒、辣椒面,感觉不一般。

哺育了川西坝子的都江堰是此次科考的重心,旧地重游飞沙堰又有了一点新感觉,飞沙堰长不过五六百米,宽仅三五十米,选址之准,流速之快,卷沙走石之显效,内外分治之恰到好处,既为成都平原的富饶增添了不可或缺的乳汁与安全带,又为研讨会的科考内容注入了鲜活的素材。古人几千年前的杰作,至今仍给我们以深刻的启示。

在孙主任主持的 15 年中,举办了 12 次学术研讨会,还出版了多本论文集和学术专著。这些年,在孙主任及各社老大的引领下,大家见证了少儿读物的兴盛与发达,探究了编辑活动的内在规律。孙主任在会上说,这次研讨会是本届专委会举办的最后一次。伴随着许多老朋友功成名就后稍事休整,再寻新的出发点,我希望未来有更多的新朋友加入其中,为编辑质量的不断提高而努力。

(冯建华,重庆出版集团果壳公司总经理)

打开记忆的闸门

王洪涛

　　每当打开邮箱，收看一封封来自全国各少儿社朋友们发来的电子邮件，读着那一篇篇充满激情地回顾我们这个集体以往的文章的时候，一位位老师、老友的亲切面庞就浮现在眼前，使我也打开了记忆的闸门。

永葆童心的群体

　　1994年在湖南长沙，我和刘道远老师一起首次参加少儿知识读物研究会的活动。在这次会上，中国编辑学会少年儿童读物专业委员会宣告成立。几天

的学术交流活动让我收获颇丰。在这个全国少儿编辑群英聚会的学术团体中，我认识了俞沛铭、国荣洲、李书敏、王吉亭、欧宝琛、赵强华、顾尧庐、郑秀桂等一批老前辈，认识了以"害虫"自称的铁军、楚健、凡文等一批年富力强的编辑骨干，还先后结识了刘铁柱、李建明、孙全民、裘树平、王朝晖等许多志趣相投的新朋友。从此，我融入了一个充满朝气、充满童心、充满情谊、充满学术气息的集体，留下了许多值得回味的记忆。

我和道远老师同在中少社工作，但平日里接触并不是很多，然而就是在这次会议期间，让我和年长我一轮多的道远老师结成了忘年交。那些天，我俩同住一室，朝夕相处，围绕少儿知识读物的话题谈论了许多。道远老师见我对科普很感兴趣，就毫无保留地将他多年从事科普创作和编辑的经验传授给我，并无私地把他多年在科普界的人脉资源介绍给我。是道远老师的帮助和提携，让我后来成为中国科普作家协会会员，走进了少儿科普创作和编辑的队伍。"与善人居，如入芝兰之室"，的确，在我们的这个团体中，人才荟萃，多能多艺，你除了能从他们的身上学到宝贵的编辑经验之外，还能学到许多其他的东西，因为团体中几乎每个人都各有专长。他们当中，有的学识渊博，擅长写作，著述颇丰，是作家协会或科普作家协会的会员，如国荣洲、王吉亭、李书敏、裘树平、孙全民、庞旸等老师；有的在某一领域里学有专长，研究有得，堪称专家，如王吉亭钟情文物，收藏颇丰；冯铁军对古瓷片很有研究，最近正准备出版一本专著；杨凯、刘凡文对茶文化深有心得，杨凯著有多本有关普洱茶的书；裘树平、岑建强对动植物的知识熟悉堪称百科，是当红科普作家；李书敏老师书法精绝，笔走龙蛇；顾尧庐、刘铁柱、乔台山擅长摄影，每次出行都是长枪短炮。歌喉优美的人就更多了，像刘凡文、刘铁柱、冯小竹、张立新、吴琳……说来也怪，可能是常年编辑少儿读物和与少儿打交道的缘故吧，我总觉得我们这些少儿编辑，不论年龄长幼，都有一颗永驻的童心，因此，看起来要比同龄人年轻许多、活跃许多。每次会议上，大家在长途汽车上、篝火晚会上，甚至在临别的饭桌上，每每都要拉歌、赛歌，气氛欢快热烈。

收获累累硕果

浓厚的学术氛围是我们这个学会的特色。每次年会上,来自全国各社的少儿编辑们,带着撰写的论文和近年编辑出版的新书,汇聚在一起,在图书展示台前翻阅,品头论足,相互借鉴。在研讨会上,大家研究探讨少儿读物的编辑、出版规律,交流市场信息,切磋营销经验,剖析成功的案例,分享成功的喜悦,都觉得收获很大。特别是孙学刚(雪岗)老师担任"专委会"主任以后,坚持以业务研讨为中心,重视学术研讨的质量和提高论文的水准,坚持面向广大少儿编辑、为提高少儿编辑队伍素质和学术水平服务,坚持开门办会、促进少儿读物繁荣发展的方针,从而像磁石一样,紧紧地把少儿编辑们吸引到"专委会"组织的学术研讨活动中来。

由于是中国编辑学会领导下的二级学会,专委会的论文评奖具有严肃性和权威性,获奖证书盖有印章,可以作为正式发表的学术成果,因此在各社的职称评定中都被认可。再加上专委会还将优秀获奖论文推荐给《中国编辑》和《中国少儿出版》等专业学术刊物发表,所以,编辑参与活动的积极性越来越高,从最初的知识读物编辑,后来扩展到少儿文学编辑、低幼读物编辑、报刊编辑、图书馆馆员等,影响也越来越大。每届研讨会征集到的论文,数量一届比一届多,从最初的三四十篇发展到八九十篇、近百篇。

在各社的支持下,历届研讨会的获奖论文,还被加以筛选、整理,编辑成书,陆续出版了《编辑启示录》《创新与开拓》《走向新世纪的少儿编辑》《编辑的交响》《纷呈的光谱》《编事编议》6本论文集。为了保证学术研究和评奖的权威性,孙主任非常强调论文撰写和评审的质量。每次研讨会前,都要切合当前少儿出版的实际,确定出本届论文的主要论题,并带头撰写论文。在评审中,也要求评审人员严格把关,只看文不看人,坚持评审质量。2006年河北承德研讨会时,我和董素山、熊楚健担负论文评审工作。这一届研讨活动参与的少儿编辑十分踊跃,提交论文创纪录地达到了80多篇。但在审读中发现,有两篇雷同的论文是从网上下载的,对这种弄虚作假的行为,评委请示孙主任后,取消了当事者的参评资格,维护了学术的严肃性。类似的情况后来也有发生,每次评委们都坚持了原则，维护了论文评审的严肃性，确保了论文的质量。因为我们评出的论文质量很高，研讨会后，我把获奖论文推荐给《中国少儿出版》的编辑时，他们都如获至宝，从中选出好的在刊物上发表。选用最多的一年，就有20多篇发表。中国编辑学会的会刊《中国编辑》也从我们的获奖优秀论文集《编事编议》中，选用十多篇，陆续发表。此外，我们还有几篇论文被《中国编辑学会优秀论文集》《中国科普创作获奖作品论文集》选登，并获了奖。

2003年以后，在孙学刚主任的策划组织和主持下，各社的编辑骨干和学术研讨积极分子，合作撰写出版了首部少儿编辑理论研究的学术专著《少年儿童读物编辑学初探》。孙老师从选题策划开始，组稿、写稿、审稿、编辑加工，付出了很多心血。后来，这本书由中少社和苏少社联合出版，我和孙全民担任责编。图书出版后，得到了全国少儿编辑的好评和出版界的关注，曾有好几位非少儿社的编辑找我索书。《初探》是少儿编辑们结合自己的工作实践、上升到理论的一次探讨，也是少儿编辑理论建设的一次尝试，该书后来获得了"中国编辑学会科研成果二等奖"（一等奖一个，二等奖三个）。真可以说，"专委会"成立20年来，硕果累累。

还应一提的是，伴随着我们的编辑学术活动地持续开展，在这20多年里，许多少儿编辑通过我们的活动开阔了眼界，提高了编辑业务水平，成长为所在少儿社的业务骨干。一些学术活动的积极分子，不但评上了高级职称，还担任了部门或者出版社的领导。屈指一数，先后走上社一级领导岗位的就有李建明、周祥雄、张克文、田曦、佟子华、张立新、赵彤、杨路、段利冰等。诚然，他们能取得这些进步，主要是自身努力的结果，但是他们都认为从编辑学术研讨活动中受益匪浅。

辛勤的骨干们

我们这个团体，是由各社的编辑室主任支撑的，他们是社内的骨干，也是学会的骨干。这些年，担任秘书长、副秘书长的、承办会议的各社骨干，做了大量工作。

1995年11月,在沈阳召开的年会上,刘道远老师当了第二任秘书长。刘老师待人诚恳,善于与人沟通协调,很有处理问题的经验和能力,对研究会的活动也很热心,学会的每次活动,他都忙前忙后,认真准备,总是安排得井井有条。每次会议散会,总有些与会代表因车次或航班的问题,不能马上离开,道远老师都要与承办的出版社一起,安排好他们的食宿,让大家体会到了团体的温暖。因此,他很快就得到了大家的认可和信任。正如大家在文章中回忆的那样,为人低调的刘老师把会议的一切活动安排好以后,就悄悄地坐在台下的一边,关注着会议的进行。集体合影的时候,他也总是站在后排不起眼的位置上。在西安召开的那次研讨会上,细心的道远老师发现那几天正好是铁军和全民的50岁生日,于是特意安排了生日蛋糕,送到寿星们的面前,让他们感动不已。后来,在昆明的研讨会上,我和与我同庚的刘卫华老师,也吃到了道远老师送的50岁生日蛋糕。虽然这件事已经过去了十年,但回想起来,依然让人难以忘怀。后来,道远老师退休了,担任了学会的顾问,由我接任了秘书长,但他还是帮助我做了许多工作,不论是策划活动内容,联系协调承办单位,催写论文,邮发通知,总是尽心尽力,使会议圆满地完成。道远老师为专委会的发展,做出了突出的贡献,功不可没。

还有副秘书长和各社骨干们,也都有说不完的故事。这20多年来,专委会举行的历届研讨会、工作会,都顺利、圆满、安全地召开了,从没有出过什么大的失误和纰漏,都让与会代表愉快、满意,这和各位的努力工作是分不开的。湖南张家界会议开得成功,离不开熊楚健的努力;西安研讨会顺利举行,离不开李建明、张中民的精心安排;承德坝上研讨会开得令人难忘,离不开冯铁军、王广春的运筹布置;南宁研讨会的成功举行,有韦建成和廖晓安的辛勤汗水;大连工作会上,刘铁柱带着几位女将,全力以赴,当我和全民先后生病后,铁柱不顾劳累,日夜陪护我俩上医院打吊针,跑前跑后。宁夏银川的研讨会,陈念华精心安排活动和考察项目,请来学者讲学,让大家收获很大。武夷山研讨会,吴娟悉心周到地做好安排。还有像黄山、哈尔滨等会议,还有每次研讨会论文的征集、评审、评奖,活动安排,住宿、饮食、交通等的安排和安全,参会人员的报到、离开的接送，出版局、宣传部等领导的到会，当地媒体对会议的宣传报道，他们都做了大量的工作。可以说，这么多次会议、这么多人参加，全都能够顺顺利利、安安全全、高高兴兴地成功举办，都离不开各位骨干们的尽心竭力。

真挚的友情

俗话说同行是冤家，在竞争日益激烈的少儿图书阵地，各家少儿社无疑是竞争的对手。然而，在我们这个专委会里，来自全国各家少儿社的编辑们感受到的却是浓浓的暖意，大家在一起毫无保留地交流编辑、策划心得，共同探讨编辑规律，一起分享成功的喜悦；大会上的研讨，会下的个人交流，大家相互为师，互相启发，互相帮助。会议期间，许多与会者通过交流，得到了同行们无私的帮助，碰撞出不少的好选题、好创意，找到了好作者。在这种良好的氛围里，大家相互关心爱护，结成了深厚的友谊。

一次考察中，冯铁军突然发生了小中风，口眼歪斜，神志恍惚，情形十分危险。李书敏老师当机立断，用我随身携带针线包中的缝衣针，给他的双手手指的十宣穴做放血治疗，随着淤积的黑血放出，铁军的病情得到缓解。大家马上终止了考察活动，立即赶回数百里外的城市，送铁军进医院治疗。一路上大家对他照顾有加。

2009 年 10 月，道远老师不幸罹患脑胶质瘤，这是一种十分凶险的癌症，几乎没有治愈的可能。得知这个不幸消息的各社的朋友，十分关切刘老师的病情，在他手术后，许多人通过电话对他进行慰问，河北少儿社的董素山、冯铁军、王广春、孟玉梅，江苏少儿社的孙全民还到刘老师家里探视。在此期间，我和孙学刚老师也多次到医院和刘老师家探视，把大家对他的慰问和关切转达给他。此时与癌魔进行顽强抗争的刘老师，对朋友们的关心慰问表示了衷心感谢。2010 年 7 月 18 日，癌魔还是无情地夺去了他的生命。当道远老师的小儿子把噩耗通知我的时候，我真不敢相信他就这样永远地离开了我们。我含泪用我拍摄的白菊花，为道远老师制作了一个电子讣告，将这个不幸的消

息用电子邮件发送给各社的朋友们。重庆出版社的书敏老师接到我的电话后，当即哽咽起来。在道远老师生病期间，书敏老师曾多次电话慰问。甘肃少儿社的唐晓玲，曾得到道远老师父亲般的关爱和帮助，是道远老师的"干女儿"，当我把噩耗告诉她的时候，电话那一头她当即就失声哭起来。四川教育社的吴婷也在电话中泣不成声。刘凡文、裘树平、岑建强、董素山、冯铁军、王广春、叶宁、熊楚健等也唏嘘不已。20日，王广春、孟玉梅、孙全民与我和孙学刚老师一起，到八宝山送了道远老师最后一程。在他治疗期间和去世之后，各地少儿社发来了唁电、唁函，我受各社委员之托，书写了挽联，敬献了花圈。因考虑到道远老师与夫人同时罹患癌症，治疗花费巨大，造成经济困难，各社的朋友自发为他捐款，我受李书敏、冯铁军、孟玉梅、刘凡文、孙全民、李建明、裘树平、岑建强、唐晓玲、吴婷、叶宁和于京洪（一位与我和道远老师相熟的工作室朋友）之托，将1.7万元捐款交到道远老师的亲属手中。这些钱虽然不是很多，但表达了大家真挚的情感和哀思。

记忆的闸门打开，除了以上所述，还有一件件令人难忘的往事浮现，受篇幅所限，不能再一一回顾。岁月流逝，许多老朋友和我退出了工作岗位，成了"退养人员"，以后参加活动的机会少了，不过，这份美好的记忆，将永远珍藏在我的心底。

（王洪涛，中国少年儿童出版社原编辑室主任，中国编辑学会少年儿童读物专业委员会秘书长）

道远,道远……

冯铁军

每当我坐在电脑旁整理着茫茫思绪的时候，总忍不住想起一个人来:刘道远,我最亲爱的兄长——刘老师。

少儿知识读物研究会在 1989 年 7 月份成立时,全国的少儿出版社除中少社和上少社以外都刚刚建立,各少儿社的知识读物编辑室急需一个能统领全国的组织来把大家团结起来、组织起来,研究一些方向和任务、探讨少儿知识读物的一些带规律性的问题,于是,山西、河北、河南、山东、北京、上海等地的少儿社知识读物编辑室的同仁们集合起来,在山西五台山搞了第一届研讨会。这在少儿出版界是开展较早的一个。

此后,每年一次由不同的出版社分别承办,召开了五六次会议,每次会上与会者都认认真真宣读自己的论文,研讨一些当时急需解决的问题。1993 年还由我们社出版了第一本论文集——《编辑启示录》。到了 1994 年湖南少儿社办会的时候,中少社来了自然编辑室的刘道远。刘道远是第一次参加这个会,我跟刘凡文、熊楚健、李建明等几个人找到他,谈了我们的一些想法。他听得很认真。这是我与刘老师的第一次接触。

　　1994 年,中国编辑学会少儿读物专业委员会成立。1995 年 11 月,在沈阳召开研讨会,黄伯诚当了主要负责人。刘老师被定为秘书长。从此,我俩的交往逐渐多了起来,友谊也一步步地加深。刘老师是河北安新县人,所以每次开会他都以自己是河北人而和我们攀老乡,在海南、黑龙江、甘肃、浙江等许多地方还留下了我们作为河北老乡的合影。刘老师的心很细,他报到时曾留心过每个人的生日,然后记在了心里。遇到会议期间赶上什么人正好过生日,他就张罗着给他庆生。2002 年 9 月,中国编辑学会在西安召开少儿读物研讨会。我和孙全民正好在此期间过生日,刘老师就和凡文他们几个人凑钱买了一个大个的生日蛋糕,在吃午饭的时候,推到了我们的面前。当时我们既意外又高兴,过了一个有意义的 50 岁生日。

　　刘老师交朋友搞的是五湖四海,从不拉帮结伙。大家喜欢跟他打成一片,他也喜欢跟大家一起谈古论今,摆龙门阵。电子邮箱兴起以后,刘老师以很快的速度注册了一个邮箱,并很快变成了"网虫"。他给我们发邮件、发贺卡、发从别人那里下载的 QQ 秀,甚至把和我们的合影制成幻灯片发来与我们共享。我曾对他说:"你这样的年纪,会的东西比我们这些人还要多,够得上我们的师傅了。"刘老师的文笔很好,他喜欢写诗,还把你的名字藏在诗句中,像这首《赠铁军》:"祝词多空泛,福自足下生;铁肩担道义,军风贯始终。"(祝福铁军)还有这首:"峰耸千仞接云汉,铁鹰凌空摩九霄;君子重义淡名利,好雨知时润春苗。"(冯铁军好)

　　他给刘凡文写了:"贺词题岁首,留言铭心头;烦扰转瞬逝,文理毕生求。"给甘肃的唐晓玲写了:"棠棣枝头黄花盛,晓风拂柳池水清;凌空振翅东来雁,好风借力到金城。"给陕西的李建明写了:"建功立业正此时,明朝更有佳绩出;好时宜将无时虑,运筹帷幄筑坦途。"给湖南的熊楚健写了:"祝福三湘友,楚地有奇才;健步登岱顶,好景为君来。"给河南的王艳丽写了:"艳阳高照春光好,丽人娉婷自逍遥;好景常在人长寿,运转时来步步高。"给河北的杜富山写了:"贺岁苦于无所赠,杜撰诗文也寄情;富在深山远亲访,山中有仙万事灵。"给河北的孟玉梅写了:"梦里依稀回故园,玉树银花不夜天;梅香应报春将至,好花美景待来年。"给河北的孙秀银写了:"孙子谈兵论古今,秀女深闺诵诗文;吟咏挥毫情所系,妤运总伴好心人。"给辽宁的刘铁柱写了:"贺词从无溢美嫌,留言确系发心田;铁壁江山谁人保,驻军十万惟君贤。"给湖北的周祥雄写了:"祥云缭绕黄鹤去,雄鹰凌空难唤还;高处寒流冷彻骨,升入仙境自陶然。"给海南的贺晓兴写了:"贺岁词语年年似,晓风残月古今同;兴邦立业仰君力,好人总有好前程。"给四川的王吉亭写了:"吉星高照临西川,亭阁楼台皆灿然;好风好景好年成,人寿人和人胜天。"给上海的李铭慈写了:"贺岁何须溢美语,铭心刻骨是诤言;词情恳切发肺腑,兄弟共勉同先前。"给黑龙江的王朝晔写了:"朝雾淡淡难遮日,夜幕沉沉有星光;好事何须刻意求,运来自会喜成双。"给上海的裴树平写了:"树影婆娑寂无声,平湖秋月舟自横;好景常在人长寿,运转来时功业成。"给浙江的顾尧庐写了:"遥望杭州西湖畔,庐舍青青有故人;泥沙满目天山路,好友期聚瑶池滨。"给重庆的李书敏写了:"赫赫威名誉山城,书海拼搏屡建功;敏锐慧眼观商海,胸有成竹布奇兵。"他还给左振坤(吉林)、丁志红(广东)、王瑞起(辽宁)、张任(山西)、孙全民(苏少)写过诗词或对联,可以说,刘老师的才情诗意吹到了长城内外,刘老师的朋友也遍布了大江南北。

从 2007 年开始,刘老师的家中就事情多多,烦事不断。先是他在沧州老家的老母亲病重,后来是病危、病逝。接着是老伴癌症住院、手术、化疗,一连串的打击和压力不间断地向刘老师压了过来,到 2009 年的福建会议之前,刘老师查出了脑部有胶质瘤,是一种脑癌!刚知道这个消息的时候,我惊呆了!怎么可能呢?刘老师的身体一直很好啊,不会是搞错了吧?我赶紧给王洪涛打电话核实,当洪涛告诉我,刘老师的病情是确定无疑了,已经做手术了,我觉得天一下塌下来了!正好当时在福建开会,我给刘老师发了一条短信,叫他好好养病,争取早日回到我们中间。刘老师当时也给我回了短信,表示:现在已回到了家中,精神还挺乐观的。最后他满怀希望地写道:"我一定会回来的!"我们都在心里默默地为他祈祷:盼望他能早日恢复健康,像以前那样跟我们一起摆龙门阵。

　　2010 年的 4 月,我和我社的杜富山、董素山相约已经来北京的孙全民一起到刘老师在北京的家中探望,刘老师脑袋上留着开颅后的刀疤,当时他的精神挺好的,还拿他孙女不敢让他抱而调侃呢。

　　到了 7 月,我正忙活着给儿子发集装箱的时候,接到了刘老师儿子的电话,说刘道远老师因肺部感染于 2010 年 7 月 18 日不幸去世了! 当时接了电话,我的脑子里一片空白,眼泪模糊了我的双眼:刘老师啊,你怎么就这样走了呢? 你说过,还会回来的,难道你的话不算数了吗? 你的天南地北的朋友们还在盼着你早日康复归来呢!(22 号那天,我又因送孙子到飞机场而没能赶上刘老师的告别仪式!)

　　刘道远老师,你的音容笑貌一直留在我们的心里! 一闭上眼睛,就看到了你! 一打开电脑的邮箱就想起了你,我会把你的邮件好好保存起来,经常拜读、翻看,会把你的教诲牢牢地记在心间! 请你放心吧! 悄然隐去的逝者无声息地把他的善意和神魂分送在朋辈的心中,道远道远,我们与你隔世的神交与怀念道同而久远……

　　安息吧,刘道远老师!

　　(冯铁军,河北少年儿童出版社原编辑室主任,中国编辑学会少年儿童读物专业委员会原副秘书长)

歌　　声

刘凡文

接到孙学刚(雪岗)主任约稿的电话,心里十分忐忑,全民(苏少)、洪涛(中少)早有通知,要出纪念文集,老骨干们都要写点东西。学刚主任电话中说:"这么多年了,写些感想最好。"话虽如此平实淡然,却着实让我不胜惶恐,压力陡增。自1989年少儿知识读物研究会成立起始,已有25年过去,怎一词"感想"了得……

遵命拿起笔来,一次次会议的场景如在眼前,一位位相知无间的老朋友走入脑海,谈笑顾盼着说:"写几句……"

25年前,第一任会长,中少社的陈天昌老师和一群老同志倡议发起成立了少儿知识读物研究会,20年前,它归属到中国编辑学会,成为少年儿童读物专业委员会。在第二任会长(主任)黄伯诚退休后,接任的孙学刚老师把严谨的学术态度带入"专委会""知研会",形成了扎实严谨、活泼开放的研究氛围,为全国少儿知识读物的编

辑同仁打造了一个相互交流、共同学习提高的平台,大家的学术修养和业务能力都得到了很好的滋养,尤其对全国少儿知识读物的出版和发展起到了很大的推动作用。这一切尤其要感谢历届承办会议的东道主出版社。每一次参会,我都盼望着与老朋友的见面,从中获取新的营养。大家在业务交流的同时,结下了深厚的友谊,这对研讨活动的展拓,有很大的帮助和促进。

回想开会的一个个场景,一幅幅熟悉的面孔出现在面前,似有一阵阵歌声在耳边响起。是的,是老朋友们在唱,在一起唱。每一次年会,不管日程多么有限,论文宣读和评议多么紧张,东道主总是尽量安排一些娱乐项目。记得湖北少儿社办会,刘建飞托关系租了一条船,船在三峡间航行,大家在船上开会。船上有一只话筒,休息时,不知谁对着它开始唱。不少人发现,在三峡中放开嗓子大声唱,那歌声借着话筒的放大,在峡谷中传扬,是一件惬意的事情。接下来,谁抓过话筒便不愿放手,都要展放一下歌喉,倾情奉献自己拿手的歌。傍晚时分,话筒传到湖南社冯小竹手中,她开始唱,唱了许久,有人过来唱几句后,她接过来再唱,船上的人转几圈去看,她还在唱,几个小时过去了,天很晚了,她依然在唱……当然,终极"麦霸"自然是她。

四川会议时,川少社副社长王吉亭组织大家去九寨沟考察,开车后,他提议道:"我们唱歌吧!"此议一出,一路上车中歌声不断,大家把所能回忆起来的老歌,一支接一支地唱,忘了歌词时,不知哪一位仁兄义妹便会接上一句,竟然把许多老歌完整地唱了出来,令人称奇,看来好歌珍藏在所有人的记忆里。歌声相伴一路,没觉得什么疲劳。唱歌也成了会议空闲时的一个重要内容。以后开会,大家聚在一起,一有机会,歌声便不知从谁的口中响起,进而感染大家,自然地和声涌起,另一支歌又会由另一个人起头,随之便会流水般进行……疏于唱歌的人怕被点唱,会有所准备,更有甚者是希望社的张任,开会时随身带有歌书,让他唱个歌,便取出歌书翻找一番,对着歌书很认真地唱起来。一群人中,河北的冯铁军声音浑厚、黑龙江的张立新嗓音嘹亮、海燕社的王艳丽声音亮丽,等等,都有一副好嗓子。参加研究会的这群人活泼开朗,爱逗爱乐,爱开玩笑,常有戏谑的事情发生。有人开玩笑地说,这些人就像害虫,更爱开玩笑的这些人便自认是害虫,宣称自属"害虫委员会",简称"害委会"。会歌多数情况只重复唱一句:"我们是害虫,我们是害虫。"下面两句:"正义的来福灵,一定要把害虫杀死。"不便唱出来,以免"害了自己"。"害虫"组织松散,进出随意,条件是自认敢当,乐天善友。"害虫"们以自嘲取乐大家,对"害虫"们健康的心灵来说,是制造一份轻松的喜悦,奉献些许善意的担当。

　　海南会结束后,晓兴兄组织到歌厅去举行晚会,有乐队伴奏,这种场面有些太正规。大家请学刚会长来一个。一向庄重、从未在年会上演唱过的会长上得台来,大家正疑惑会长唱什么,一声昆曲清唱悠然传出,深沉苍古,韵味十足。没有多年的专好,无法将昆曲曲调把握得如此精妙,这引来大家一阵感慨。唱歌当属人的天性,如道远兄、建明兄、铁柱、祥雄……鲜见他们单独高唱,却也常口中轻松有歌。编辑的案头工作苦累漫长,或许更需要歌来释放或排解一些什么。充满生活的情趣,这应当是少儿知识读物一群人共有的心境,也是我们这个集体鲜明的特征,可贵的传统。

　　去宁夏开会,一天晚上,大家去当地有名的特色店吃涮羊肉。羊肉十分好吃,不知是谁唱了几句,这引起众人的歌瘾,共同跟唱起来。几支歌唱罢,又以桌为单位开唱,竟形成对唱之势。一桌唱罢,一桌又唱,这桌刚完,那桌抢唱,一支接一支,一首连一首,桌桌争唱,不甘落后,就像部队拉歌一样热闹。大家都倾情放歌、奋力爆唱,歌声不绝,群情激昂。争唱到高潮,敲盘碰杯,声震厅堂,好不热闹。正唱得高兴,一个短暂的停息间,不知谁"啊"地惊叫一声,回头望去,不禁歌声顿消、寂静一堂。只见六七个穿白大褂、戴白高帽的人,大张着嘴,圆目而视,统一地手提一把足有二尺长的大刀。他们个个面容亢奋,紧盯着我们看,手中的刀晃动不已,让人心惊胆战。我们的歌声停了,不解地对着他们看,他们似乎觉察到什么,立时笑成一片,转身跑回后面的厨房。原来是一群切肉的厨师,他们被对唱的场面吸引,一起出来观看。有人边退边说:"真热闹,开饭店以来,没这么热闹过!"大家松了口气,稳住神坐下来,再看门口,有不少人挤进来好奇地观看,门外还聚了一大帮看热闹的路人。他们都是被我们的歌声引过来的。

唱歌引来的趣事有许多，此处无法一一道来，好在这些事会留在我们美好的回忆中。

我们的学术研讨严肃认真，把我们紧密地联系在一起；而歌声又让我们的联系更深了一层。我们在一起经历了 20 多年的岁月。有了这个团体，我才有机会和全国的同行们共同研究一些问题，也才会有机会放开喉咙唱几首歌。大家天南地北，歌声是我们的心声，多少年来，我们一直共同演唱着一曲团结互助、探索进取的大合唱。

（刘凡文，明天出版社原编辑室主任，中国编辑学会少年儿童读物专业委员会原副秘书长）

来自异国他乡的回忆

熊楚健

2012 年 11 月北京时间 19 日 11 时（美国时间 18 日 19 时），我刚来美国圣地亚哥准备升职做外公不过三天，正在手脚忙乱于外孙降临人世前的一应前期工作，忽接洪涛辗转来函，为纪念中国编辑学会少儿读物专业委员会成立 20 周年，其前身少儿知识读物研究会成立 25 周年，特约各老友新朋奉献回忆文章。忐忑的是，可资参考的文字和图片资料均在国内，值得回忆的事杂乱、琐碎而不完整，一时还真的不知从何处下笔。踌躇再三，我又给洪涛去电咨询，得其指点，遂决定尽己所忆，不求连贯，不讲逻辑，不究深刻，不言细节，大而化之，想到哪写到哪，虽说文字恐欠考究，但距回忆的宗旨尚不会太偏，权当凑数之作罢。

记得研究会甫一成立，便规定了几件必做之事。其一，号召全国各家少儿出版社从事知识读物的有关人员撰写论文，不管论文作者是否与会，只要内容涉及知识读物范围即可。未与会者，其论文可交与会人员带去。其二，凡上交之论文，由论文作者或论文携带者当众宣读。其三，由事前选定的评选班子对所有论文进行评选,按照水平高低分列获奖等次,并颁发证书。其四,各参会人员必须携带自家出版社近年所出优秀知识读物出席会议,会议期间,利用这些图书举办一个小型的展示会。其五则是各种不同形式、不同场合的座谈会。

以上几条规定,可以说奠定了少儿知识读物研讨会的会议基调,目的十分明确:鼓舞知识读物编辑们的士气,提升知识读物在少儿出版方面的地位,增强编辑们的编辑素质。从以后的实行和完善过程看,不但士气受到鼓舞,地位得以提升,素质日益增强,参会人员还各有意外收获。至今想来,仍由衷欣赏研究会组织者们独到的眼光和远见卓识,也佩服他们组织工作的认真和缜密。

那时候,除了中少社、上少社几个老社以外,其他新成立的少儿社的知识读物大多属弱项,相对于文学、低幼等类图书,无论在人员配备、财力投入还是选题比例上,其身份都十分卑微,不过是其他读物的搭头而已。很多社知识读物的出版数量、涉及范围、装帧水平都难登大雅之堂。因此,我们这些在少儿出版社从事知识读物的编辑们,在某种程度上是不太受待见的"弱势群体"。图书出版如是,论文的地位便可想而知,即使有想法和写作欲望,也无机会和难有刊发之处。

自打"知研会"成立以后,我们终于有了一块可以用于耕耘的土地。这块当初近乎荒芜的土地也在"知研会"的护佑和"弱势者"的努力下开始植被,一天天繁茂起来。论文写作、论文宣读、论文评选,一项接一项的举动,在我们这些知识读物编辑面前铺就了一条畅行的大道,男女老少热情高涨,齐齐上阵,围绕着论文大张旗鼓地施展起身手。而论文撰写者依据各自不同的立场,不同的角度,不同的经验,不同的感受,不同的理解,或高瞻远瞩,或视角独特,或眼光独到,或经验老到写出的论文,常常语出惊人,发人深省。每一次研讨会,都让与会者意料之中地拓展了视野,学得了经验,触发了灵感。

这是"知研会"的功绩之一。

功绩之二,图书展示。

每次研讨会组织的小型图书展示，可以让人十分直观地看到各家出版社读物出版的现状，从而了解少儿读物出版在全国的大致动态；也能很大程度上找出差距、认识不足，寻得新的方向。由于参会的图书贴近编辑的本职工作，针对性非常强，不用像参加大型综合性的图书博览会大海捞针般寻觅和掏摸，其所见所思所感所得，与参加图书博览会完全不同，故而从另一个角度讲，效果反而更好。

功绩之三，座谈会。

每一届研讨会都会安排足够的座谈。有了前两者的铺垫，座谈会便有了针对性，发言便成了有的放矢，收效自然显著。在与会人员逐渐熟络之后，讲话少了许多顾忌，发言少了许多客套和官样文字，各抒己见，直言不讳，这成了研讨会座谈时的特色和一大看点。

座谈会有成功经验的介绍，有对论文观点的深化，有建议，也有炮轰出版体制者，有对自家出版社之漏洞和不足表达不满者，有对研讨会谏言者，有针对宣读之论文观点表达异见者，而这些直率的言者所言，细细推敲，常常可发现其中蕴含的道理。而且，言者无罪，闻者足戒，不正是研讨的宗旨吗？所以，我一直很欣赏这种自由的会风，觉得这一做派不但符合研讨要旨，而且给年轻编辑树立了一个非常健康的价值判断标准，荫及后人。1994年，中少社前副总编庄之明参加了在我们湖南召开的一次研讨会，之前他大多参与的是文学类研讨会。他在会后对我说："在参加的所有研讨会中，这是我最有感觉、最有东西的一次。"从他满脸写着的真诚和由衷的表达中，完全能判断出这并非溢美之词。

功绩之四，私下交流。

可以说，私下交流是所有活动中最让人感觉愉悦，最能增进感情，而对于编辑工作最有直接帮扶作用的。天南海北的人聚在一起，工作相同，经历相近，爱好志趣相投，见解有共鸣，说的是共同关心的话题，亲近感油然而生。亲近了，话就投机了；投机了，就成朋友了；成了朋友了，就推心置腹了；推心置腹了，就有收获了。无论谈天还是论地，拉扯家常还是判评世事，闲聊新闻还

是畅述做人心得,在漫无边际的聊天中你总是要思考,要表达,而对方的观点总是会对你有所影响,这样,有意无意间,你就有所得了。记得一位资深编辑曾向我传授曰:"如果你打算向某名人约稿,最好事先对该名人的著述、经历以及兴趣、爱好等有所了解,见面时,便可以有意就对方的著作和兴趣聊上几句,对方一般会对你产生好感,接下来的约稿便水到渠成,八九不离十了。"这一席经验之谈让我得益匪浅。

在研讨会收获多多,毋庸赘言,而对于我,在研讨会结交了一帮挚友应该算是意外收获吧。朋友们不但用他们的学识、经验、气度、脾性乃至做人之道影响着我,使我获益甚多,而无论公私的出手相帮,也使得我诸事顺风顺水。一帮朋友聚在一起谈工作、论业务、剖析人生、针砭时弊、唱歌、跳舞、玩笑、自嘲……嬉笑怒骂,酣畅淋漓。更甚者,研讨会无端有了一帮"害虫",而老少"害虫"合唱《害虫之歌》更成了研讨会联欢时的开胃菜。本人亦有幸混迹为一虫,每每"无羞无耻"地与虫共舞,不亦乐乎。每次研讨归来,都觉自己神清气爽,心胸开阔,无论工作、谈吐还是待人接物都颇有长进。闲下来,便止不住常常思念他们,研讨会临近召开之日时,更欢喜雀跃如同孩子般。即便现在已经退居归隐,温馨的回忆依然常来轻轻叩打我的心田,让我平添丝丝暖意。

对研讨会的思念已经深入骨髓,时至今日,仍然忘不掉已经逝去的老哥哥王吉亭和宽厚长者刘道远,忘不掉那群"害虫",忘不掉那些动听的和跑调的歌声,也忘不掉研讨会一拨又一拨的美女!

我现在正在大洋彼岸一壁厢敲打键盘,一壁厢泪眼婆娑地胡思乱想与你们相处的那些难忘的日日夜夜。键盘的嗒嗒声,将我带入那个回不去也忘不了的岁月,真真让人思绪起伏,惆怅万千,难以自已,说不尽个中滋味啊!

(熊楚健,湖南少年儿童出版社原编辑室主任,中国编辑学会少年儿童读物专业委员会原副秘书长)

会务那点事儿

刘铁柱

　　时光飞逝,岁月如歌。少儿知识读物研究会和中国编辑学会少儿读物专业委员会已走过20多个年头,留下了许许多多值得回味的往事。在辽宁少儿出版社先后承办的两次会议过程中,也产生了一些令人难忘的回忆。

　　1995年年会,原本准备暑期在大连举行。这年7月下旬,我们正在大连筹办会务,万事俱备,只欠东风,有些远道的参会人员已踏上了旅程。不料,天有不测风云,沈阳浑河流域爆发了百年一遇的特大洪水,南岸地区汪洋一片,部分铁路、公路、桥梁被冲毁,灾情十分严重。迫不得已,这次会议被紧急叫停。经商定,改为11月在沈阳召开。

时至冬季，天寒地冻，我们非常担心能否办好会务工作，绞尽脑汁做了种种推演，生怕耽误了大事。出人意料的是，会议开得很圆满，不仅顺利选出了以中少社黄伯诚同志为主任（会长）的专业委员会，而且参会人员很多，大家热情也很高，踊跃参加会议各项活动。会上的研讨固然认真，会下的活跃气氛也令人愉悦。

记得当时沈阳盛行海鲜自助火锅，我带着一队人马杀入一家店内，实实惠惠地扫荡了好几个小时，直至河北少儿社小梅趴在餐桌上酣然入睡，可见劳顿之辛。也有令人紧张的时候。几个"害虫"喜欢尝鲜，会余跑到号称"亚洲最大室内游乐场"的夏宫溜冰，那个欢呀，那个乐呀，就不用多说了。海燕社小丽禁不住诱惑，换上冰刀，直扑冰场，可惜没挪几步，就摔了个大跟头，趴在冰面上起不来了。好在经医院拍片检查，仅仅是脚崴了，没有大碍，但伤筋动骨也得养一百天啊！

2003 年 7 月，《少年儿童读物编辑学初探》编写工作会议在大连召开。孙学刚（雪岗）主任把他策划构思的这部专著讲了以后，提出由与会各社人员分工合作撰写。他又带领大家理思路、列提纲、议写法，收获颇丰。这部学术专著出版后，获得"中国编辑学会科研成果二等奖"，产生了很大影响。当时到会的各社骨干们都很兴奋，寻机发泄，便在餐桌上较上了劲。大连鲅鱼饺子味道鲜美，营养丰富，很有特色。上少社裴树平消灭四五个，江苏少儿社孙全民就要吞没六七个，此来彼往，战绩节节攀升。临近会议结束之时，全民兄终于腹痛难忍，洪涛也按捺不住了……邻近的部队疗养院有救治高招，一瓶点滴下去，警报解除，诸兄得以平安返程。

我们的会议严肃认真，又充满情趣。如今，虽然工作岗位发生了一些变化，但过去的事情历历在目，我不会脱离这个团队，仍沉醉自己珍爱的这份事业，时时琢磨会务那点事儿，思念那些热心人和有心人。

（刘铁柱，辽宁少年儿童出版社编辑室主任，中国编辑学会少年儿童读物专业委员会副秘书长）

印象风华时

肖飞飞

　　光阴似箭,岁月的烟尘在我们的身后涌起一片暮色,它越来越浓郁、越来越深厚,将许多往事遮蔽得不露一丝痕迹。若非翻阅日记,努力勾忆,细细检视,仅仅凭借刹那的思维闪电,我已经无法确切记得自己参加过多少次全国少儿知识读物研究会(后改为中国编辑学会少年儿童读物专业委员会)年会了。但印象最深刻的那两次,却如跃出海面的红日,冲破重重暮霭,放射出灿烂光华。那些点点滴滴的片段在薄暮的微风里,变作动画的幻影,一一播放。

确实,两次,就是两次。

我第一次参加,不记得是第几届。我只记得,我参加这次会议,不仅仅是我第一次参加编辑研讨会,也承载了我人生的许多第一次。这一次,是在湖北召开。那会儿,我大学毕业刚满五年,自我感觉似乎过了不少年头了,现在回首,五年不过弹指间。从那时到今日,23年过去,也不过一抬头,一眨眼间!

这是一个深秋季节,漫江碧透,层林尽染,20多岁的我们,正处青春风华岁月时,浑身用不完的力气,散不完的热情,冒不完的新鲜感,世界的一切对于我们的眼睛都是新的、奇的,都是活生生的青春。一个全国性的会议,一次同行间的交流,是增长见识的途径,是结交朋友的场合,是获得经验的机会,是锤炼能力的空间。

当满载着来自全国各地少儿社同行们的游船劈波斩浪,行驶在长江上的时候,我第一次看见夔门壮观的高峡。那"两岸青山相对出,一片孤帆日边来"的绮丽画卷立即涌入我记忆的深处,不再淡忘。当我们在"巴东三峡巫峡长,猿鸣三声泪沾裳"的惊叹里,久久不能定神的时候,第一次看见神女峰的云雾萦绕,不肯露出她神秘的面容,在心里留下种种幻想猜测和迷离的憧憬。夜幕降临,不能安眠的神经驱使我们登上甲板,仰望星星,第一次感受"细草微风岸,危樯独夜舟。星垂平野阔,月涌大江流"的壮美诗篇。而当日出东山时,从喧嚣的聚首里,疲倦下来寻找安宁,第一次坐在船尾,看见船尾划出的滚滚浪花,凝神许久许久,不愿离去。

多少第一次啊?

第一次和全国各地的同行在一起探讨知识读物编辑业务。

第一次在游船的会议室里展出自己带来的图书。我带的是一套《史记图画本》,甚受同仁们欢迎好评,一时索要之人不在少数。可惜未能一一满足诸位仁兄的愿望,只好抱憾至今,且永难弥补。

第一次在游船上唱歌跳舞,享受远方友谊的美酒。

第一次用程控电话直拨长途给亲人,体验天涯若比邻的亲切。

第一次……

那年的长江三峡,葛洲坝工程刚刚竣工,期待、欢迎着八方来客瞻仰它的巨大——拦腰堵截了滚滚长江东逝水。我们乘坐的游船,就穿越这大坝。若不是亲身经历,我怎么也无法理解一艘在大江上显得渺小的船舶是怎么爬上大坝、进入高峡平湖的。去了后我才知道,船先进入大坝的船闸;驶入后,在下游方关闭闸门,再向船闸里注入水,直到水位与上游齐平;然后开启上游大闸门,船就平稳驶入了平湖里的大坝上游。

印象最深的是小三峡,大宁河上走小舟。船夫拉纤,小舟搁浅,年轻的我们蹚水与船夫一起推船,极力往上行,直到两岸青山变成一道绵延不绝的风景。当小船来到浅滩处时,遍河滩的鹅卵石,让我们大开眼界。刚刚去参观过奇石收藏馆,勾起对奇形怪状之石头趣味的我们,赤足而下,满地乱找。人们都大喊大叫,似乎见到了宝贝。说来也巧,我还真捡到一个有着心形图案的鹅卵石,至今收藏着。

7年后(1997年)的5月初,由二十一世纪出版社承办了一次研讨会,来自全国少儿出版社的兄弟姐妹们齐聚井冈山。这是我印象最深的第二次年会。时任综合读物编辑室主任的我召集了会议的工作人员,全程参与组织了这次会议。会议的种种细节,在脑海里已经稀薄如云,瞬间不可捉摸。唯有一件事,至今我仍不能忘记。

按照会议计划,工作小组各负其责,各司其职。然而负责会标的同志临时更换会标,且并不知会于我。由于计划不周,会标直到参会人员、各位领导陆续到达会场,还没能制作完成挂到会议室去,这个时候离会议开始时间只有半小时了。

社领导着急地连续下达几道命令:"十分钟完成!""五分钟完成!""一分钟完成!"都说一分钟了,那还算什么命令呢?就是神仙也变不出来吧,简直只剩无奈的哀叹了。我们一起下楼到正在剪贴会标的地方,大伙儿正手忙脚乱一阵紧张,此刻的我感觉自己的心脏都要跳出来了。总算弄好! 一阵小跑,在众目睽睽之下,终于将会标挂上了会议主席台的正中间。

这个小小的细节正是证明了"凡事预则立,不预则废"的道理。直到今天,

它都会不经意地跳荡到我的脑海里,提醒我凡遇大事要事,必须做到仔细仔细再仔细,这成为我职业生涯的经验和教训。

这次组织会议虽然只有短短的一个星期,却让我学到了许多东西,感觉自己一下子成熟了很多。

离开少儿出版社已经多年,离开各社的同仁们也已经多年。多年来,没有机会和曾经的兄弟姐妹们聚首欢腾。想起那些风华岁月,想起曾经的美好过去,想起经历的种种过往,只觉得逝者如斯,岁月荏苒,好景不再。难免感怀!亲爱的兄弟姐妹们,你们如今在何方? 你们一切可好?

（肖飞飞，二十一世出版社原编辑室主任，红星电子音像出版社副总编辑，中国编辑学会少年儿童读物专业委员会原副秘书长）

魅　　力

裘树平

一个人，如果当他发自内心地喜欢和另一个人交往时，说明对方是一个有魅力的家伙，至少在某些方面。一个人，如果当他对某个领域的工作产生强烈兴趣时，说明这个领域对他充满着魅力。我也不例外，一个本来对各种学会活动小有排斥的人，却对中国编辑学会少儿读物专业委员会的活动，充满着热情并渴望参与。要问原因的话，只能这样解释——中国编辑学会少儿读物专业委员会具有很大的魅力。

俗话说"上梁正下梁不歪"，一个组织，只要有了方方正正的"上梁"，这个组织就会在它的带动下，进入良性循环的轨道。中国编辑学会少儿读物专业委员会自从成立以来，就一直有好的带头人。

我常常会想到已故的刘道远老师，他担任秘书长期间，勤勤恳恳地付出，任劳任怨地给予，给我们每一个会员做出好榜样。当我获悉他因病去世时，顿时产生一种失去尊敬长者至亲的无尽悲哀。

　　"专委会"主任孙学刚(雪岗),学者风范却不失亲切,满腹经纶却没有迂腐,无怪乎有人评价我们的会长"这样的头儿还真不错"。

　　秘书长王洪涛,就像憨厚的老大哥,说得很少,做得很多,和刘道远一样,默默地为研讨活动付出很多很多。

　　如果加入一个组织或团队,作为个体成员,每一次参加它的活动都能从中获益,得到业务专业知识的提升,那么这就是一个充满魅力的组织或团队。中国编辑学会少儿读物专业委员会恰恰就是这样一个魅力组织,对很多少儿知识读物的编辑来说,每参加一次它组织的活动都从中获益匪浅。它为新老编辑提供一个交流的平台,为不同选题的思路、策划的观点,操作的方式、作者的互换……提供了大把的机会。不仅在论文交流会上,更多的是在会后的交流上,大家讨论着各自所关心的话题,最后往往达到双赢、多赢的理想结果。就我来说,在参加"专委会"所组织的很多次交流活动中,每一次都得到很大的收获。认识了那么多出色的编辑,从年长的前辈中汲取到宝贵的经验和做书的"秘籍";从年轻的编辑中汲取到新思想,还有活力和朝气;从同龄人之中学习到从不同角度去探讨选题,使自己变得更客观全面。总而言之,我从这个编辑学会中,得到了很多很多。

　　如果说中国编辑学会少儿读物专业委员会是一个充满魅力的团体,那么,在这个团队中必定有许多充满魅力的成员。"害虫小队"的成员,就给我们大家留下无法忘怀的快乐烙印。"害虫鼻祖"老王(王吉亭)、"害虫大哥"老熊(熊楚健)、幽默的"冷面害虫"冯铁军、全能型的"快乐害虫"刘凡文……还有更多的朋友,如来自黑龙江的"围棋怪杰"王朝晔,安徽的天才少年张克文,江苏童心不泯的孙全民,才高八斗又为人厚道的李建明,动物学专家岑建强,机敏绝伦的女才子张玲,能歌善舞的吴琳,聪明伶俐的吴婷等等,都成为交流聚会中一道道美丽的风景线。

　　这就引来了更多俊才的踊跃参与,本人就是被"诱惑"的成员之一。虽然受到"诱惑",但得到的回报却极为巨大。最后,说一点我真实的感觉:在参加每一次交流活动前,我充满着期待和渴望,因为我马上要和那些睿智、幽默、快乐的家伙见面了。相聚欢愉，可惜时间太快，每一次挥手离别，心中不舍之情浓浓。记得有一次和明天出版社的刘凡文聊天时说，每次参加活动的时候，朋友相聚，大家在轻松快乐的气氛中交流探讨，总觉得时间过得太快，虽然已经度过了五天时间，但感觉好像才过了五小时。但是，当即将分别、恋恋不舍地彼此道"珍重、再见"时，虽然只有短短的几分钟，却像几小时、几天那样的漫长。也许，这就是爱因斯坦相对论赋予我们交流活动中的新含义。

　　我由衷祝愿：充满魅力的中国编辑学会少儿读物专业委员会，健康发展，显示出它更大的魅力，发挥出它更大的作用。

　　（裘树平，少年儿童出版社原编辑室主任）

永难忘却的记忆

孙全民

 转眼,中国编辑学会少儿读物专业委员会成立 20 周年了。屈指算来,自从 1997 年我第一次参加井冈山年会,15 年来,一共参加了九次,还参加了在大连和贵阳举行的两次《少年儿童读物编辑学初探》编委会的研讨会,也算是一名"老"会员了。

 回顾我与"专委会"的不解之缘,那人,那景,那情,便一一浮现在脑际,不禁心潮奔涌,思绪难平。

 初见"专委会"孙学刚(雪岗)主任,觉得他平易、儒雅,进一步接触,了解

了他的博学、多才，在以后的做人、作文和业务上给我许多真诚的指导，凝聚着他"编学研写"心血的《雪岗文集》使我受益匪浅。"专委会"两任秘书长道远先生和洪涛兄的真挚、朴实和敬业，让我难以忘怀；铁军、凡文、楚健、树平、铁柱等好友的热情、智慧、风趣，粗犷、感人肺腑的歌声，更给我留下深刻的印象。编辑业务的研讨交流，让我们的心胸更大，能力更强，成绩更显著。而会余的交往和考察也使我们的感情交流更加流畅。井冈山的清泉，三亚的海滩，昆明的植物园，张北的塞上草原，银川的沙漠，武夷山的茶社，都留下了我和同仁们的欢歌笑语，记录下我们的深情厚谊。

落在海滩上的笑声

1999 年春天，年会在海南召开。那时，海南刚刚建省，怀着一种好奇和期待，我乘兴赴会。一下飞机，便在出站口看见了海南出版社少儿室接站的牌子，两位男士热情地把我迎到接站的小车上，一问方知，其中的那位个子不高又十分干练的人便是他们的室主任——贺晓兴。后来了解到，这位贺主任原是湖南少儿出版社颇有名气的资深出版人，为支援海南省，他留下妻女，只身一人独闯海南，担当起组建少儿室的重担，并在较短的时间内，做出骄人的成绩。巧合的是，分手 11 年，我又于 2010 年，在北京中国大百科全书出版社少儿分社的办公室里见到了他。他退休后，被程力华社长聘为《中国幼儿百科全书》丛书的主编，并常年坐镇北京尽职。在程社长的引荐下，我荣幸地成为他和程社长主持的这套书的作者之一。在此，我对他们给予的信任和指教表示衷心的感谢！

在海南的日子是令人难忘的，给我印象最深的是跌落在亚龙湾海滩上的笑声。记得那天，在孙学刚主任的主持下，与会同仁畅所欲言，各抒己见，进行了一天的理论研讨，十分尽兴。晚饭后，大家换上泳衣，洪涛、铁军、凡文、楚健、张任、克文、建成、树平等一批帅哥，邀请了袁丽娟、唐晓玲、何农荣等几位美女，一起来到酒店附近的亚龙湾海滩上。

海风阵阵，浪涛拍岸，在寂静的夜幕下，不时传来阵阵涛声。大家迎着海

风,呼叫着奔向大海,奔向浪涛,奔向那朦胧的夜色中,扎猛子,打水球,把一身的疲劳抛进深蓝色的大海。过足了一把泳瘾之后,大家踏着细软的沙滩聚集到一起,感到余兴未尽,又玩起了斗鸡和老鹰抓小鸡的游戏。之后,好像是凡文大呼一声:

"我们玩丢手帕的游戏吧!"

"好啊!"一阵男女齐声呼应。

于是,一群20岁、30岁、40岁的男女编辑,好像一下子回到了幼儿时代,像小朋友一样手牵着手,围坐成一个圆圈,拍着"小"手,唱起了那首熟悉的儿歌:

丢,丢,丢手帕,

轻轻地放在小朋友的后面,

大家不要告诉她——

快点快点抓住她,

快点快点抓住她——

当一位若无其事的倒霉蛋不小心被抓住后,就让他(她)给大家表演节目:唱歌、跳舞、讲故事,或者学猫叫、学狗爬。记不得是哪一位老兄被抓住后,出其不意地学了几声驴叫。顿时,炸耳的声音撕破夜空,在海风中久久回荡,激起众人一片惊讶的笑声,有人笑得前仰后合,有人连眼泪都笑了出来。

这就是我们可爱的童书编辑们:将童心、童趣、童真融为一体,为少年儿童编织美丽的梦想,也用自己的青春和汗水,将各自人生的梦想,变成一个个绚丽多彩的童话,变成一本本深受读者喜爱的童书。

做童书编辑,是一项平凡的职业,但又何尝不是一项创造非凡的事业呢?试想,谁不是伴着童书长大,谁不是从童年读过的书中受益终身?怪不得,许多人都说少儿出版社的人总是显得年轻,活力无限。所以,我至今不后悔转业后选择了"少儿出版"这个看似小儿科的职业。在童书世界里,我们忘记了年龄,忘记了忧愁,忘记了辛劳。当看到孩子们捧起我们编辑的图书,饶有兴趣地阅读时,便是我们最为幸福的时刻。

后来,我追忆这跌落在海滩上的笑声,试填了一首词作为纪念:

浪淘沙·亚龙湾
一九九九年春

月夜亚龙湾,人潮如山,男女嬉戏天海间。此生能得几多浪,笑撒沙滩!

三亚设论坛,荟萃群贤,少儿出版作贡献。七嘴八舌抢发言,且看谁先?

洒在庆寿宴上的泪水

2002年9月,研讨会在西安召开。同样在一天的热烈研讨之后,主办方未来出版社在李建明等社领导的主持下,设宴招待全体与会同仁。酒过三巡,老秘书长刘道远先生代表会议和未来出版社领导,突然向大家宣布:现在,我提议,大家举起酒杯,向参加今天晚宴的三位寿星祝福。他们是:河北少儿社的杜富山、冯铁军;江苏少儿社的孙全民。

听到这个消息的我顿时一愣,这才想起这个月的14号正好是我50岁生日,万没有想到,竟然在这远离家乡的古城西安,由会议和未来社的领导及参会的同仁为我过寿。说实在的,人生至此,除了从小父母为我过的生日外,成年之后,还从没有过过生日呢!不禁感慨:编辑学会专委会,真是不是家庭,胜似家庭啊! 多年来,这个学术团体不但成为全国出版界少儿编辑学术交流的圣坛,更成为参会同仁温暖的大家庭。大家在交流的过程中,已建立起情同手足的兄弟姐妹深情。每次短暂的聚会,都像回到了"娘家",交流心得,探讨市场,畅述友谊,朋友们总有说不完的话,道不完的情。

我正思索着,道远、洪涛和凡文已分别将三顶寿星帽戴在了我们头上。随之大家击掌打拍,齐声唱起了《祝你生日快乐》,几位同仁举起相机为我们拍照。在一片歌声和欢呼声中,我们三人举起酒杯,分别发表了简短的答谢词。记得轮到我发言时,我激动得一时不知说什么好,似乎说了一句:

"这是我成年后过的第一个生日。我衷心感谢研讨会和未来出版社的领导,感谢来自全国各地的朋友们!"

此时，泪水在眼眶里打转，再也说不出话来。我是个不轻易落泪的人，那天，我抑制不住地泪流满面；我是个不会喝酒的人，那天，我第一次喝得酩酊大醉。朦胧记得，是同房间的韦建成大哥把我扶进房间的。我还要谢谢韦大哥！多年不见，您还好吗？

出在黄山上的洋相

2011 年 5 月，承蒙"专委会"领导孙学刚主任的信任和安徽少儿出版社克文社长的关心，我作为苏少社离岗职工，以论文评委的身份参加了在合肥举办的年会。作为远离安徽家乡的游子，能够回到家乡参会，感到十分荣幸和亲切。在豪爽、干练的克文社长全力支持下，总编辑徐凤梅和办公室主任程大路做了精心的安排。这次会开得十分成功，受到与会同仁的一致好评。

会议期间，5 月 13 号的黄山行，给我留下了深刻印象，也让我出了不少洋相。这是我第三次到黄山，本来是不必上山的，应该留在山下，像铁军、树平那样，为大家做点"买饼"之类的后勤服务工作。但由于心情愉快，忘乎所以，加之希望和出版社的帅哥美女们再次分享一下这黄山之美，我还是义无反顾地上山了。上山路上，可谓精神抖擞，边爬山边和大家谈笑风生，好不自在，年近花甲的人似乎又回到了春光烂漫的青年时代。洪涛"摄影师"举起相机，为我和几位美女留下了难忘的瞬间。

没想到好景不长，"上山容易下山难"。登上主峰以后，进入下山阶段，我的底气逐渐露了馅，越往山下走，两腿越感到肿胀疼痛，好在手持一根竹杖，开始还勉强能走，后越来越感到艰难，同行的帅哥建强和美女张玲便一左一右搀扶着我往山下走。我知道，经过几小时的攀爬，他们也很疲劳，还卖力地扶我下山，真打心眼里感激他们。

后来，安少社的傅泉美女和朱一之帅哥见状，又主动上来替换他们扶我下山。此时，我两腿已经麻木，几乎全靠他们的搀扶才能举步。真是狼狈不堪！这时，从后面跟上来的凡文看到了我的窘态，他告诉我，倒着走可以减轻痛苦。于是，我在两位年轻人的帮助下，反身倒退着一步一拐地沿着石阶往山下挪动。大约一个多小时后,我终于下到了可以乘车的地方。

回到住处,曾经当过篮球运动员的人教社女编辑和重庆社的冯建华先生又传给我一个方子:那就是当晚不能热敷,一定要冷敷。我过去以为热敷可以减轻痛苦,这次照他们的办法去做,果然灵验。第二天早晨,我竟奇迹般地站了起来,没有了疼痛的感觉,又和大家一起自由行动了。在此,我要再一次感谢这些向我伸出援手的朋友们,祝他们一生平安!

那天夜晚,我辗转反侧,不能入眠,在手机上草填了一首词,献给这些可爱的人们,也献给这次令人难忘的年会。不揣浅陋,记录如下,以求教于各位朋友:

沁园春·山
二○一二年五月

南国风光,千里林动,万里云飘。望黄山内外,逶迤茫茫;安江上下,顿失滔滔。编辑学会,雪岗科甲,欲与天公试比高。喜晴日,看美女如云,分外妖娆。

黄山如此多娇,引无数帅哥竞折腰。谢铁军树平,老街买饼;建强张玲,搀扶老哥。凡文指点,反身下山,可笑全民倒着挪。俱往矣,比摄影高手,还看洪涛!

会议结束,为感谢安徽少年儿童出版社为这次会议做出的贡献,我还冒昧仿写了一首小诗,也记录在这里:

七律·谢安少
二○一二年五月

同仁不怕赴会难,万水千山只等闲。
克文执弓迎宾乐,凤梅绽放送客欢。
笑非评文昼连夜,大路安排周又全。
更喜黄山千秋雪,三胡看后尽开颜!

永驻在学会里的童年

在"专委会"即将迎来她二十华诞的时刻,我写下上述文字,以表达我的赤子之心和感激之情。

此外,我永远不会忘记,我的老首长、转业到重庆出版社做出辉煌业绩、退休后又在书画界再展身手的李书敏社长对我的教诲,他赠与我的墨宝将永远收存;

我永远不会忘记,在大连参加《少年儿童读物编辑学初探》编委会会议时,热情、质朴而健壮如柱的铁柱兄在我患病时,送我去医院救治,又亲自把我送到火车站的情景;

我永远不会忘记,在福建和安徽会议上,作为论文评审委员和廖晓安、吴娟女士及独具艺术家气质的王笑非先生和谐相处、共同完成学会交给的论文评审任务的日日夜夜;

我永远不会忘记,和树平兄几次比赛吃饺子的场景,他的乐观、豁达和博学使我受益终身……

现在,参加学术研讨的同仁中,一些老朋友已经和我一样退出原来的工作岗位或转到其他领域另谋高就,而我们的老秘书长道远先生和川少的副社长王吉亭先生也遗憾地离我们而去。这不免令人伤感。但我也高兴地看到,在孙学刚主任的感召下,有更多的年轻编辑加入到这个行列中来,学术研讨活动的前景令人向往。

15年来,研讨活动像一个温暖、宁静的港湾,让我在繁闹的图书市场上,在日常繁忙的工作中,疲劳的身心得以短暂的休息;它像一座神圣的殿堂,使我的灵魂受到洗礼,脱去世俗的伪装,展现本真的自我;它像一所开放的学校,使我的学术水平和业务能力得到不断提高,让我认识了一个又一个才华横溢、心地善良的老师和朋友;它更像是一个生命的乐园,不论你是学会的主任、出版社的社长、总编还是普通会员,不论你是业绩显赫的名编,还是刚刚入道的小编,不论你是年过半百的老者还是二十出头的后生,在这里,你我都是大家庭平等的一员,你我都一起回到了天真活泼的童年。在这里,生命不老,青春永驻!

　　天下没有不散的宴席。不久的将来,我肯定要离开这个集体,老朋友见面的机会也不多了。但我没有丝毫感伤的心理,而是有着无限的欣慰。因为我们的学术研讨会给予我的温暖与慰藉,同仁们给予我的幸福与快乐,将永远铭刻在我的记忆中,伴随我走完生命的旅程。

　　(孙全民,江苏少年儿童出版社原编辑室主任,中国编辑学会少年儿童读物专业委员会原副秘书长)

那些年，那些事，那些人

袁丽娟

　　临近夜半，正从单位小劳作后往家赶路，恰逢学刚老师发来短信，希望我为编辑学会少儿读物专业委员会成立 20 周年提交小文一篇。

　　光阴如梭，光阴如梭啊！仿佛还在昨天，这日子怎么就已经跑出那么远了呢！

　　20 年了，参加过几次年会，讨论过哪些专业议题，都已经模模糊糊记不清楚了，但有些人、有些事还是在心灵深处留下了印记呢！甚至在不经意间，这

些人、这些事还在默默地触动着我、温暖着我在这 20 年间匆匆前行呢!

严思密行的中少人:想起研讨会,首先会想到中少人,孙学刚、刘道远、王洪涛……可以这么说,如果没有中少老大哥们一届又一届的无私奉献,哪会有全国少儿出版社同行的一次次会聚?哪会有各路同仁就中国少儿图书的内容建设、形式创新、出版方向、图书和读者的有效对接进行一次次高质量的专业讨论呢?

在我的印象中,中少社的老师们都很严肃,他们的沉稳严谨几乎每一个人都看得到。有一次开会,听学刚老师做完一次发言,我忍不住对坐在身旁的同行说:"这哪里是一次随性发言啊,这完全是一篇经过了三审三校差错率在万分之一以内的清样啊!"精准、严密,透出了一个学者型资深编辑极高的水准。说到中少,不得不说刘道远老师。每届年会,刘老师要一次次地通知、落实各出版社的人,仅一个出版社同行的联络,都要不下于五六次、七八次,大到落实开会发言,小到带什么随身用品,这是何等大的工作量啊,这要多细的心才能不出纰漏啊!"你办事,我放心!"把这句话放在做事一丝不苟的刘老师身上,真是最贴切不过了。后面来承担同样繁琐细碎工作的王洪涛大哥,性情内敛,做事踏实,每次的知识年会开得如此圆满、如此顺利,人人思想有收获,心中有快乐,中少人功不可没啊!

王风尚存的上少人:说到上少,总是心生无限的崇拜和钦佩。曾几何时,上少社在中国少儿图书领域不能说是一统天下,那绝对是囊收大半壁江山啊!在上个世纪 90 年代之前,上少社绝对是棵无法撼动的大树啊!多少知名作家、多少权威编辑、多少好书尽在上少啊!多少年轻作者都会为自己在上少发表作品、出版童书视为人生最大的荣耀啊!在当年的上少面前,我们华东六少,绝对是稚嫩的小弟弟!

进入新世纪以来,上少前行的步伐似乎有些放缓了、放慢了,这让很多出版同行感到略有惊讶和惋惜。尤其是像我这样曾经领受过上少许多恩惠,在责任编辑沈振明的帮助下,在那里出版过小小童书的人来说,那简直心里就有些难过了,就像自己家田头突然间没遇上丰年一样。

让人惊喜的是：上少人雄风犹在啊！2011 年在安徽举办的编辑年会上，上少编辑岑建强演讲的题为《传统出版物在电子阅读器时代的发展战略》论文，这篇洋洋万字，呈现了大量数据、实例和出版预判的文章，在我看来无疑是本届年会中分量最重、最具亮色的一篇文章。在传统出版业编辑对数字化脚步还认为比较遥远的时候，岑建强就大胆提出："传统出版业从来没有像今天这样，与电子行业的距离靠得那么近；传统出版业也从来没有像今天这样，面临着生死存亡的考验。传统出版业既然不想坐以待毙，就应该深刻认识到当前和未来的发展环境，明确自己的角色定位，制定长远的发展战略，这样才能更好地参与这场游戏。任何'以短击长'的战略，除了'不进则退'的后果之外，也极有可能错过了最好的转型机会。"上海人那种海纳百川的前卫意识以及老牌强社大社的前瞻目光由此可见一斑。

敢做敢想的华东六少人：作为华东六少的一分子，这些年来我为我们华东少儿出版人感到骄傲。在写这篇小文的时候，也正值我们浙少社取得在 2013 年 6 月全国 580 家出版社综合排名中荣获第一、全国少儿图书市场占有率连续十年获得第一的好成绩。这一成绩对一个只有区区 100 号员工的出版社来说，得来实在不易。这中间有着无数的辛苦和艰难，也有着无数的感恩和感动。

编辑学会少儿专委会成立 20 年来，也是华东六少思想最活跃、干得最努力的年头。华东六少几乎都有一个共同点，那就是善思善变，敢想敢做。这些年来，华东六少齐头奋进，都取得了相当不俗的成绩。当年来参加年会的安少社"花样美男"张克文，早已成长为安少社的掌门人，带领着安少员工大踏步地迈入了中国少儿图书出版的第一方阵。克文社长曾经说过："当社长，宏观要做战略长，微观要做执行长；社长要脚踩泥土，仰首蓝天，十八般农活样样在行。"当年的花样美男，而今是早生华发。安少社这些年一年一个样，三年大变样，期间克文社长的付出和辛劳不是常人能想象的。苏少社的孙全民，可谓是在知识类图书中最为深耕细作的人。苏少社的一大批有影响的知识类图书几乎都出于他之手。由他责编的《高技术战争与当代青少年丛书》《追踪中国珍稀动物丛书》《1000 个谜丛书》《兵器王国丛书》等都在市场上具有极强的生命力。这个当年豪情万丈的小伙子,现在依然激情昂扬,有他在,年会就会显得活色生香,听他激情澎湃的演讲,会让人深深感动:做个编辑真好,做个少儿图书编辑更好。

作为几次参加过年会的一员,我最喜欢在年会上静静地听各社同行发表自己的感受,一次听辽少社女编辑孟萍谈小描红产生的大效益,心中就有莫名的感慨:"在书界,只要编辑用心、尽心,小书也能创造大奇迹啊!"

夜深了,不多写了,在这里,让我祝愿各位编辑同仁忘记背后,努力向前。前行路上,一切皆美!

（袁丽娟,浙江出版集团首席编辑,浙江少儿出版社编辑总监）

远去的热焰　一生的情缘

葛　勇

　　过去的似乎已经过去很久了，可我今天突然想起——也许，我们这辈子历数的出版情结会成为心存的一种永恒，这种永恒也许又会成为一种添加蔚然的珍贵。

　　人对过去的事总是回忆，而且会在不经意间的回忆中注入情感，让你有悔有恨，有取有舍，有甜有蜜。事之事，人之人，总归会在心中过滤，直至你的年龄特征开始呼唤那些你要索回的事、索回的人，让你有时突然不得安宁起来……就说当年吧，当年是哪年？这不重要，爱哪年哪年吧……少儿知识读物研究会和中国编辑学会少儿读物专业委员会成为我和你们搞好少儿出版事业的一个舞台,也成为我和你们热焰勃发的机会,也成为我和你们牵连一生情缘的天堂,当然也成为我和你们到老了都不得不说的话题。从井冈山到张家界,从武夷山到哈尔滨,从昆明到乌鲁木齐……我们的脚步一直在向前走。同行走到了一起,走成了朋友,后来又走成了兄弟姐妹,如果那时还年轻的话,有些兄弟姐妹会不会走成夫妻呢,当然有可能的,只是那时很多人刚走过青春。

前日,洪涛兄请我写一篇文,说是要出一本纪念性的集子,我的第一思路就是写我陪伴过的人,那些兄弟姐妹。但此时,颇感姐妹们不好写,写不好怕伤了她们,女人的事还是留在记忆里比较好,或许能再聚时可以聊聊她们。就写爷儿们,爷儿们写坏了还是爷儿们。

苦于自己有许多次会没能够参加——我对于我所错过的经典和故事感到遗憾。尽管少去了几次会,就我去的那几次,也够我至今回味的。

冯铁军——嘴唇有点厚的大哥型。他心里很薄,薄得让大家觉得他挺男人,有遇事不慌、处事有方的特点。他那时有点像"群主",个高,嗓门也不小,一直操着河北普通话居高临下跟你说话。基本可以认定,逗哏捧哏的俩人就是冯铁军和熊楚健。铁军兄最紧密的接话人就是熊楚健。铁军善于不动声色,楚健善于唱念做打。铁军兄还善辨真情和假意,他心地也实在。对姐妹挺呵护,善意的呵护,始终如一的善意彰显大男人的本色,我们从来不给他非议;对兄弟挺关照,真心的关照,有时会在年轻人面前传输一下工作心得,让年轻的编辑们提提神,提升一下他们少儿出版的综合素质,这也是当时领导们首肯的。铁军也许因为年龄稚长,口气有点宽,固然有时会让你忽感不爽,但你必须了解他,了解他了才知道他是在善意中乱你心境。我是后来才接受的。白天,他常在树下聚众,有时四五成群,有时七八成众,侃大山,侃出版,侃到欢时也不散;夜晚,宾馆的房间仍然重复着白天的一幕。

熊楚健——稍显沧桑的捧哏兄弟。好像每次会他都去了。在聚众时从不缺席,带着细微的湖南口音,和各方爷儿们神聊,用不服输的态度截取南北方言的话茬,用近乎夸张的笑容始终演绎着男人的内心世界,甚至到了有点"无

楚不欢"的地步。有时会用余光扫视一些事物或人物,似乎有内心运作的嫌疑,不知其然和所以然,但绝不是心怀不轨,只是对兄弟姐妹的一种关注或寻找下一个话题。干出版年份长了,油子就有点溢出来了,楚健兄的油子就多点,喜欢命中话题然后一竿子到底,然后关注另一个话题,笑侃人生和眼前。有时酒力不胜,有点脸红,但绝不醉酒,大不了少说点话,短暂搁置一下心境,还有下一伙人群、下一个明天呢。年会给了楚健兄常年不衰的年轻态,愉快和学习是我们每个人的追求,楚健兄除了愉快,也比较注重学习,撰写论文,学习交流,从不懈怠。对他来说,会上的快乐更是难以言表,他那一颗年轻的心似乎让我们看得清清楚楚。

刘凡文——幽默稳重的山东男人。小有泰山风范的凡文兄,并不会发出好听的普通话,山东腔似乎不能改变。每当大家小聚一处时,凡文兄的话并不多,与楚健兄产生较明显的南北对比度。他的稳重感超强,内心宽宏,犹如神气在胸,神情的坚定中始终排斥着一切外来残渣。他擅长于在热议中点住穴位,用话茬砸死你,或演绎出一个冷幽默,平日里话里话外的那种"硬劲"像直接拍到墙上一般,一丝没有江南语言的迟缓和弯弯。成熟一直挂在他的脸上,从不见他为事烦恼、为人急躁,这也许就是这男人的山东味儿。当年,凡文兄和铁军、楚健、永寿均被调侃为"害虫",经常性的情调性活动,不是他们发起,就是他们积极参与,比如会议之余的文娱活动什么的。"害虫"们在每次会议期间都腻在一起,他们自己也成为了年会的话题。

刘永寿——精明装在眼神里的汉子。可以认为永寿老兄是条汉子,倒不是发现他做了什么汉子的伟大事业,我仅仅看着他的身影和精神气,就觉得他挺硬朗,而且眼神里很有自信,有点快人快语的味道。每当我和他对话,总是感觉他的眼神有压制力,眼睛睁得也大,说话有硬性,安徽语言的味道比较重,好像话要砸在地上一样。永寿兄的事业心比较强,每当工作时刻,他都俨然一个老编辑,也好像总有点想法,假使给他一群学生,估计他会有十足的干劲来当老师。他喜欢在"害虫"多的地方出现,然后采摘一些"果实"用安徽腔啃着,给大伙带来不少乐趣。有时他也沉默,沉默的原因至今不详。会后,永寿兄回安徽,我还和他联系过几次,与他联系是件快事,就因为他那种爽朗,但有时也有些不爽朗。不爽朗的原因,我也至今不详,这当然也无关大局,当年工作中,谁能没有些不爽之事呢。也许是这样吧。如今真期待原来的"害虫"们,再浩荡一回,开心一回!

裴树平——平和理性的科普作家。树平兄年长几岁,可称大哥。常年来的用脑过度可以从镜片后的眼神看出来,积累疲惫的眼神里闪烁出智慧和深虑。每当发言,他就操持着上海口音的普通话,颇引人关注,不经意间就会谈到知识性的话题。很多次会上,他都成为受尊重的上海知识型人才,因为他一直以来致力于科普写作和研究工作,见面就有点学者风范,但论起哥们义气也不比别人差。树平兄个高,看来身体也不错,精力比较旺盛,各类活动也不落下,尤其下得一手好围棋,和东北黑龙江的王朝晖大哥棋逢对手。他们会期相遇时不时地要杀上一盘。俩人习性特好,不急不躁,杀到开饭方才罢手。待会期结束时,总是在意犹未尽的无奈下相约明年。树平兄的棋术也许和他知识型脑力有关,善于深思熟虑,善于发散思维。

王朝晖——硬朗耿直的东北棋圣。记得朝晖兄是后来几次参加年会的,他给人们印象深刻的就是他那硬朗的身体和对手裴树平一起厮杀的样子。从贴近棋盘上的脸庞看,朝晖兄的棋技像是从小练就,一脸的沉稳和深谋。他有多少次战胜树平我不知道,且从那种深沉的内敛来看,他俩还真是棋逢对手,不相上下,否则不会难舍难分地在一起对阵。印象里,朝晖兄和树平兄不怎么热衷"害虫"们的神聊和对淝当歌的小闹,也许是因为他俩棋瘾占据的时间太多。和朝晖兄谋面也就几次,我想也是因为自己有半个东北血缘的原因,和朝晖兄的近乎一直在拉近,朝晖兄完全来自喉头的发音方式有点正儿八经的味道,听着就挺性直,这也是东北人的特性,没有那么多弯弯绕,更没有什么轻盈美感。会议总有散场的时候,两次会之后,朝晖兄就回去当了社长——黑龙江少年儿童出版社社长。我一直在想,朝晖兄在社长的位置上不会有太多的时间对阵棋盘了吧。说来也遗憾,朝晖兄以社长的名义邀请我回哈尔滨老家看看,可就是一直没实现这个美好的愿望,倒是在 2011 年我出差哈尔滨,只

给他打了个电话，未曾见面，因为几十年不曾回哈，被五常的亲戚占用的时间过长，第二天急赶着又上了回江西的火车，后来后悔自己这么急干什么。是有点遗憾，但今后这个愿望仍能实现。

张磊——笑意永驻的好兄弟。也不知咋的，和张磊开了一次会，我们就建立了深厚的兄弟情谊。也许是他那永远不会消失的笑容，也许是他生来善谈的南京口语，也许是他有善于沟通的性格……张磊年小，可称小弟，但犹显成熟，思维敏捷，注重效率，编辑策划能力强，所以能成为江苏少儿社编辑骨干。每当年会召开，张磊总有一个积极高尚的姿态投入其中，总是面带微笑地和你对话，微笑中不乏呵呵的笑声，憨厚中透着机敏。1997年井冈山年会之后，我俩的密切接触也多了起来，关于选题，关于论文，关于人与事，无不交流。以后，我俩都在各自的社开始做教辅读物，为了给教辅读物创建一个像知识读物年会一样的平台，我俩提出想法，开始共同策划、准备材料，并逐级向上汇报和申报，得到了领导们的支持。2000年1月的一天，江苏少儿社李泽平兄给我打来电话，告知张磊突然病逝的消息，这如晴天霹雳一般，让我难以接受。记得当时我正在办公室，哽咽着说了几句话，其中有一句是："我应该去南京看他的。"可是那时张磊已经安葬。怀念！

颜熙之——没有距离感的老社长。历次年会，师长老颜没少做出贡献。社长的职位让他充满信念地为大家服务了多年，他的勤奋、感召力以及那种有别致感的社长风范，让大家倍感亲切。我这里称"老颜"还真是发自内心的一种尊重，契合他的亲和力。老颜的亲和力在于他的直爽性格和言之有味的南京语言，他总是戴着一副老式的眼镜，似乎对谁都有话说。声色俱全的老颜一直以来在人们心中占据着重要的位置，他喜欢轻松地工作、快乐地分享，无论女性还是男性，都在他的神侃和玩笑中领略过当年的老颜。老颜思维敏捷，语速有些快，退休后仍然如此。由于他的思维敏捷，他的写作也快，积累的作品也是一摞摞的。退休后，老颜一直在写作和收集一些作品，对自己的文字出版充满期待。多少年过去了，老颜的形象一直在我脑海中时不时地浮现，尤其在他退休前的一次，我在南京见老颜，他近乎把我当小弟一般接待，和我聊着选题的出版问题和他退休后的想法，他内心深藏的那种无止境的劲头让我十分钦佩。也不知老颜近来可好？

刘道远——勤勉和善的师长。多年来，我和刘老师的情感一直在加深，刘老师那张有些消瘦的脸总是流露出和善和期待，似乎总是期待年轻人做出成就，期待和我不断联络。每次年会刘老师几乎都会到场，在我们年轻人中，他年长，所以很受人尊敬。他做事也严谨，为会议，为论文，总是在一丝不苟地工作着；和他的交流中，他给人更多的是关爱，也没啥脾气，看着就是一个好人样。刘老师对我的关心不少，开会前总是给我寄一份会议通知，期待着我到会，希望我能给他一个肯定的回复，但好几次会都不能成行，其实开会也是学习的最好时机。我每次去中少社都不会忘记看望刘老师，但有几次他却不在。时隔很多年了，我为了证实一下刘老师的安好，给洪涛兄打了个电话，却惊闻刘老师三年前就已去世，我实在难以接受，人走了我却不知道，不能和他说最后一些话，真想平静一下心情再写，因为太突然，太让我悲痛！此时我想，刘老师生命的最后时刻也许还在盼望我来到他的身边，和我说说话……泪在我心里流淌！

至此，写着兄弟们和师长们的情谊，不禁会流露出一份情感，我想这就是"老"的缘故。出版在变革，我们也在改变人生，"好日子"还会有吗？起码我想在我的心中，也在兄弟姐妹们的心中还会有，我们幸福便是晴天！

写了兄弟情，但却写不尽，草草几页纸难能写尽我心中的各位，还有我不能忘却的王洪涛、董素山、张希玉、张克文、李泽平、田曦等等，他们我还想写，还想见，兄弟们让我喘口气，就不在这里一一写尽了。写了的和没写的其实都是我的心中留恋，每个人对自己的评价都是不可抨击的，自然我写的会有离谱的地方，但，这，毕竟还是我的内心。我为离去的兄弟和师长致哀！我期待兄弟们未来更好，期待大家过得健康和快乐！

（葛勇，二十一世纪出版社原编辑室主任）

我的编辑启蒙地

吴　琳

　　我在 1997 年参加了中国编辑学会少年儿童读物专业委员会第三次学术研讨会。会议在江西井冈山举行。这是我投身编辑工作以来第一次参加全国性会议，当时既兴奋又紧张。心想参加会议的都是来自全国各地的社长、总编、专家和资深编辑，而我只是一个刚起步的"年轻"编辑、没有任何工作经验，我和到会的"大家"们谈什么呢？"大家"们会理我吗？我怀着一颗惴惴不安的心到南昌报到，第二天上了井冈山。

　　在研讨会上，我真正体会了少儿编辑活动的意义和重任，学到许多出版方面的知识，特别是如何做一个合格的少儿图书编辑，并结识了全国各地的出版专家和老师。他们渊博的知识和人格魅力激励着我，对我后来的编辑生涯起了决定性的作用。

我们除了听取学术报告和进行学术交流外，还参观了井冈山革命烈士博物馆和集纪念堂、碑林、雕塑群、革命烈士纪念碑于一体的井冈山烈士陵园，同时，也考察了它的地理环境和自然景观。井冈山不仅地势险峻，崖路崎岖，而且溪流密布。这些溪流有的急湍而下，有的依山萦绕，有的却飞流成瀑。走路不见天的片片山林，漫山遍野、郁郁苍苍的井冈翠竹和杜鹃，都给井冈山增添了无限风光。通过对大自然的领略和人文历史的了解，我增长了知识，开阔了思路，收获很大。

这个学术团体就像一个大家庭，我看到的是谦逊、活泼、开朗、幽默；我体会到的是团结、和谐、善良、友爱。我有幸结识来自全国各地的编辑前辈和老师，像才华横溢的"故事大王"裴树平、沉稳文静的李建明、富有"齐天大圣"灵气的孙全民、朴实可爱的廖晓安、亲切幽默的刘凡文、滑稽可爱的冯铁军、年轻稳重的刘铁柱、英俊潇洒的张克文、亲切热情的大哥哥刘永寿、爱摄影的王洪涛等等，我感到非常愉快。他们让我深深懂得作为一个少儿编辑工作者的责任和使命，更让我感动的是他们每个人的脸上随时都透出可爱的"稚气"，心中时刻都揣有一颗"童心"，那是善良、执着、责任的提炼和汇聚，他们的人格魅力和精神鼓舞着我、激励着我不懈努力，勇往直前。

后来，我离开少儿编辑部，被调到其他编辑部门。但我从没有失去对少儿读物的爱好和热情，也从不放弃自己的信念，始终坚守这块净土，从编辑少儿文学读物到策划少儿科普，并取得些许成绩。这些年，在孙学刚（雪岗）主任的主持下，学会的活动十分活跃，成绩突出。孙主任是个受到人人尊敬的专家，他每次在研讨会上的讲话和发言，都给我深刻印象和启发。我一直把这个团体看作知己，凡是中国编辑学会少年儿童读物专业委员会组织的研讨活动，我都争取参加，并提交论文。每当我获得奖励、站在领奖台上的时候，我首先记起并要感谢的就是当年在井冈山结识的来自各地的同行——我的良师益友。井冈山，我的"初恋"，我编辑生涯的启蒙地。

（吴琳，贵州人民出版社编审，贵州省政协委员、科教文卫专委会副主任）

"娘家"

廖晓安

　　中国编辑学会少儿读物专业委员会，由全国多家少儿出版社联合组成。从它的前身少儿知识读物研究会起，召开了近20次形式不同的研讨会。我多次参加"专委会"举办的研讨会，提交过多篇论文，也留下了十分美好的印象。

　　这是一个风气很正的学术团体。撰写论文，宣讲论文，评选论文，专家讲座，专题讨论，图书观摩，学习考察，各项活动都有计划有步骤地进行，无论是组织者还是参与者，都非常认真投入。同时，它又是一个充满活力、气氛活跃、团结互助的集体。来自全国各地的少儿读物编辑们聚集一堂，畅谈交流，不但

相互借鉴,也加深了友谊,感受了编辑工作的快乐。

　　每一次研讨会,都让编辑们感觉像是回一次娘家那样的亲切和惬意。哪怕可能因为工作繁忙或者是科室名额有限,不是每次都有机会参加,但是大家都对会议十分期待和热烈响应,即使人去不了,也要托同事带去对同行们、兄弟们的问候,尤其重要的是大家都会响应会议的主题,踩着时间点、在日常繁忙的工作中千方百计挤出时间赶写论文,要向娘家人递交自己的一份答卷。

　　我们这个团体机构稳定,工作很有成效;领导者为研究会的工作尽心尽力,真正是我们少儿读物编辑的娘家人。这个娘家时时处处关心我们,为我们一线的编辑提供了许多的帮助,给我们带来了福祉。

　　第一,同行间交流学习提高。通过举办年会,全国少儿编辑同行可以通过参加会议,相互学习交流工作经验。可以向一些资深编辑取经。一些老编辑甚至在领导岗位,无论工作多么忙,都仍坚持理论学习,每次都提交很有见地的论文,使我们受益匪浅。通过参加会议认识了很多朋友,大家建立了很深的感情。有出差机会都会相互拜访,提供工作以及出行的帮助。

　　第二,各社选送和展示优秀图书。这是每次年会的活动之一。各社带了自己新出版的优秀图书。新书在展示台一铺开,大家相互观赏学习,爱不释手。

　　第三,交流文化体制改革形势下编辑新的思维方式。随着出版格局形势的改变,新的体制和机制在各社也是百花齐放。编辑相互交流如何适应新形势的发展,如何在新形势下重新定位编辑工作以及选题发展的方向。

　　第四,撰写论文参加评选或宣读。这是年会一项重要的工作。编辑通过这个活动,反思自己的出版工作实践,并提升到理论的总结。通过论文的评选和宣读,相互探讨对于编辑策划选题的认识。经过大会评选的论文很有权威性,对编辑晋升职称也是一个基本积累。

　　第五,论文结集出版。每次年会收到的论文经过评选后还由一家出版社负责结集出版成论文集。这更是对编辑很大的鼓励。而且通过结集出版,扩大了研究会的号召力和吸引力。

　　第六,同行之间还能横向联系,共享作者资源,合作出版一些重大题材的

图书。也能为同行组稿,提供作者资源。

第七,每次承办会议的东道主积极办会,想方设法为会议提供最好的服务,同时也号召自己出版社的编辑多写论文,积极参加会议,十分珍惜每次办会的良机。他们还向兄弟社展示当地最吸引人的风土人情,让同行们留下美好的记忆。

娘家是我们永远依恋的地方。有全国同行们的大力支持和协作,相信我们的研讨活动会越办越好。

(廖晓安,接力出版社原编辑室主任,中国编辑学会少年儿童读物专业委员会原副秘书长)

知识读物研讨会与个人的心灵成长

杨 凯

    我第一次参加少儿知识读物研讨会是上个世纪 90 年代，是在湖南。那时，我已经在出版社工作了一段时间，作为理科背景的半路编辑，我正如饥似渴地丰富我的知识储备，并正在有一搭无一搭地寻找我可以从事的研究领域。当时我已经粗浅地认识到：做编辑，尤其是做没有专业定位的知识读物的编辑，需要广博的知识。编辑对这些知识的掌握并不需要达到专家的程度，而只需有一个粗浅的印象，在遇到的时候会感到亲切或别扭，而在感到别扭的时候，就需要去找资料、查文件或向专家请教了。也就是说，编辑需要在大脑里储备大量的暗物质，当有新的知识进入的时候，暗物质并不会和这些知识产生化学反应，但他会对看到的知识的逻辑性、或从纯感觉出发产生一些模

糊的感受,当这种感受有一些别扭的时候,求证一下往往就能发现作者创作过程中出现的一些问题。

这些作为暗物质的知识储备可以来自阅读。但古人云,纸上得来终觉浅,实地考察还是非常必要的。

当然,编辑如果能有一个自己的研究方向,在做责编的过程中就更能从作者、编辑两个角度体会稿件的创作意图和作者的初衷。

此时参加少儿知识读物研讨会给了我一个躬行和实地研究的绝好机会。"知识读物"的前辈们创造了良好的会议气氛和融洽的交流传统,使我产生了一种找到组织的感觉。他们的一些会议理念也深得我心。此后我多次参加编辑学会少儿读物专委会举办的研讨会,感受很深。比如:无论研讨会在哪个省举行,会上都会有当地新闻出版局或宣传部领导、本地专家,介绍当地的省情、民情、风情;同时,会议认认真真评选、交流论文,论文中涉及的很多观点或经验恰恰可能是其他与会者正在寻找问题的答案;第三,研讨会组织实地考察,很有意义。知识不只来源于书本,书本上的错误往往来源于我们这些编辑未能亲历、体验祖国文化的丰富和地域上巨大的差异。

我记得最清楚的是一位老编辑在回忆交流时讲的一个编辑实战案例:一次,在编辑一本图书的时候,他看到作者写的一段话中有"枕着'头枕'睡觉"的句子,他对"头枕"这两个字非常纠结,心想一定是作者将"枕头"写成了"头枕",就将这个词改了过来。谁知,后来到山东某地开会,他发现,当地方言都是将枕头称为"头枕"的。类似的例子他还举了很多。他在会上感慨地说,单单是各地的方言、习语,就给我们的编辑工作造成这么大的麻烦,更何况知识读物可能涉及文化、历史、科学、民俗、饮食、动植物的方方面面,所以,作为编辑,尤其是知识读物编辑,不行万里路,编辑的成长就是不成熟的,有缺陷的。

回到我自己。那时我刚刚对茶文化有了一些朦朦胧胧的感觉,在湖南会议的间隙,我也对湖南名茶——君山银针、古丈毛尖、擂茶等做了些了解和品尝,最为意外的收获是在湖南当地白族的歌手那里,抄到了一首民族茶歌,我才知道,湖南也有白族,而那首茶歌则对我后来写云南少数民族唱诗与茶文化非常有启迪。

随后的江西会议，我也在井冈山下买了一些农民的农家茶。

2006 年以后，随着自身积累的增加，我对茶文化的把握更加专业。参加研讨会的时候我会有意识地挤出一些时间，并尽量做到不耽误会议的正常研讨和学习，挤掉购物、参观的时间，去当地档案馆、图书馆查找资料，找当地茶文化专家交流和采访，以一个远方"和尚"的身份，深挖当地的茶叶经济和历史，按自己的思路，念自己的茶经。

尽管我的主要研究方向是云南茶文化，但云南茶文化是在整个中国的大背景下产生的。云南的茶叶文化不是在西南一角完全孤立地生长的，各地的茶叶历史、茶叶文化、茶叶经济和人文交流对解读云南茶文化有很好的参照作用。同样，当云南茶文化研究到一定深度，对解读各地的茶叶现象也会很有帮助，跨地域的思考甚至能产生突破性的贡献。这些，在我参加安徽会议、福建会议的时候深有体会，两次会议间隙的采访，为我给台湾的关于岩茶的文章和在马来西亚关于老六安茶的巡回演讲提供了很多有用的史料和实地考据。

总之，研讨会提供了一个学习的场所、交流的平台、开阔眼界的方便之门，也可以为耕种"自留地"提供便利。对一个编辑来说，这种自留地绝不是什么坏的东西，它可以带来成熟，带来人脉，带来深度，甚至直接带来作者和稿源。当我们有了自己的"自留地"的时候，我们和作者面对面的时候可以不用仰视，更多的时候我们可以平等地对话，而作者也愿意接受一位研究有成的编辑从编辑、作者两个方面提出的合理的建议。

感谢研讨会在我的研究和心灵成长过程中给我提供的方便和营养，感谢知识读物研讨会众多老朋友给我的宽松的关怀。

（杨凯，晨光出版社编辑室主任，中国编辑学会少年儿童读物专业委员会副秘书长）

难忘的编辑大家庭

庞　旸

　　中国编辑学会少年儿童读物专业委员会,是一个严肃、活泼的编辑学术团体。我曾代表中国和平出版社在其中担任委员,多次参加该委员会组织的学术活动,深感对于一个有理想、有追求的编辑来说,研讨会是个难得的学术家园,是全国少儿读物编辑业务切磋、交流的理想平台。

　　每次学术研讨会,"专委会"都提早发出通知,请各位委员、各社编辑结合自己的编辑工作撰写学术论文。大家知道,编辑的日常工作是非常辛苦、繁忙的,如果不是专委会的督促,就很难拿起笔来思考、总结编辑工作经验,把这

些经验体会上升到理论高度。实际上,这种理论上的梳理和总结是非常重要的,它使我们的工作减少盲目性,加强理性的引导,提高工作水平和工作效率。"专委会"的另一个重要作用是提供一个交流的平台,各社同行在一起畅谈工作中的经验体会,互相切磋,很有利于大家开阔眼界,取长补短,加强在未来工作中的合作互助。

2003 年昆明会议前,我撰写了论文《试论图书宣传在图书出版中的作用》,这是我第一次参加专委会的活动。论文提交后,没想到一炮打响,获得了"优秀奖"。论文在会上宣读后,会下有许多代表主动与我探讨、交流这方面的问题。这篇论文后被《中国少儿出版》刊登并收入论文集《编辑的交响》中。

2007 年的银川会议更加令人难忘。那一次我提交的论文《出版社的生命在自主创新,自主产品的生命在于质量》又一次获得优秀论文奖,并在会后收入《纷呈的光谱——全国少儿读物编辑论文集》。记得这篇论文引起许多同行的共鸣,因为随着出版市场化的进一步扩大,合作出版与自主创新、图书规模与图书质量的问题越来越凸现出来,困扰着我们这些出版第一线的从业者。大家认为我的文章坚持了编辑作为优秀文化传播者的职业操守,又不是唱高调,具有可操作性。

每次学术研讨会,孙学刚会长和有关负责人都非常认真地向大家报告学会的工作,并进行编辑业务、理论方面的演讲。这些内容,让人感到浓浓的学术气氛和一种编辑必须具备的严谨、认真态度的熏陶。当下的出版业和其他文化产业一样,急功近利的浮躁之风甚盛。而专委会坚持编辑工作的学术性、严肃性与理论建设的努力,无疑是非常有意义的。

专委会尤其注重对年轻编辑的培养。记得 2005 年黑龙江会议,黑龙江少儿社的青年编辑们一下子提交了几十篇论文,有的论文还有相当的水平。这让人看到我国少儿出版事业未来的希望。专委会每届都十分重视鼓励青年编辑们撰写论文。尽管有的论文还比较稚嫩,但只要是写了,一律给予肯定和鼓励。我觉得这体现了研究会老编辑们对编辑事业的责任感和热忱——它的意义会在今后很多年里陆续体现出来。

对于编辑来说,"行万里路"和"读万卷书"同样重要。研讨会会上交流后,都有就近考察的活动。这让我们能走出书稿的高墙,敞开心扉,到大自然的怀抱中,在历史文化胜地汲取营养。正是由于参加研讨会的活动,我才有机会来到云南西双版纳的热带丛林,来到北国名城哈尔滨,也才有机会重返我30多年魂牵梦萦的"第二故乡"——宁夏。

上世纪70年代初,我跟着父母下放,在宁夏的"国务院五七干校"当过卖苦力的小童工。那段经历虽然艰苦,却是我人生开始的地方。几十年来虽然时时忆起,却一直没有机会重新踏上那片土地。研究会帮我圆了这个心愿。当时,恰逢宁夏石嘴山市的地方政府也在联系我们这些"小五七战士",要建一座全国首创的"五七干校博物馆"。他们到北京寻访我们,而我正在宁夏四处打听、寻找干校旧址。两年后,"干校博物馆"建成,成了全国性的"五七干校文化研究中心",我也由此撰写了一系列有关"五七干校"历史的文章。

我常常自诩是持"两支笔"的编辑:蓝笔写作、红笔编文,又称"编辑、作家两栖人"。"专委会"为我更好地运用这"两支笔"提供了契机。

总之,中国编辑学会少年儿童读物专业委员会,是编辑的学术家园和精神家园,也是编辑业务的推进器和加油站。在我临近法定退休年龄、将要离开供职的中国和平出版社时,我向会里推荐由年轻编辑骨干杨隽接替我代表本社担任专委会委员,希望通过这样的方式,把研讨会好的学风、作风传承下去。

(庞旸,笔名阿真、潘岩,中国和平出版社原编辑室主任)

入 会 随 想

杨 隽

　　自从大学毕业后，我来到中国和平出版社，先后在电脑室、美编室、总编室、低幼室、少儿室等部门工作过。在不同的岗位上，对儿童图书的热情自始至终伴随着我的工作。我热爱这份工作，源自自己的专业——美术设计，记得自己的毕业作品就是一份特别为儿童图书博览会设计的宣传海报，艳丽的色块和简单的造型总能制造出意想不到的视觉冲击力。随着岗位的变动，我参与了不少儿童图书的编辑出版，从开始接触简单的封面设计，到复杂的整体图书装帧，再到后来自己独立策划编辑儿童原创图书、引进优秀的国外儿童图书，每一次经历都是一种收获，都值得感谢和铭记。随着女儿的出生，我对少儿图书的热爱更是有增无减，让我感到从事儿童图书编辑工作不仅仅是份工作，更是为了身上所负有的社会责任。

去年春天，当庞旸老师说希望我接替她代表出版社担任中国编辑学会少年儿童读物专业委员会委员时，我感到非常荣幸也很高兴。作为一名普通的少儿图书编辑，能有机会与行业内的专家老师以及同行们认识接触，切磋编书经验，十分难得。

庞旸老师是儿童文学界的资深作家、优秀的出版人，也是我的老主任。她担任委员期间，每次学术研讨会前，都积极宣传并发动编辑们撰写论文、参加会议。而且每次提交给她论文时，她都会耐心地加以评点、指导，让我心怀敬意。同时我也在想，这也许就是研究会开放、包容的学风吧。

我曾有幸参与了几次研究会的活动，并且提交了几篇论文，其中的论文《发现"发现之旅"》还获了奖，那次获奖极大地激发了我编书的热情。对工作的执着劲儿以及对儿童图书的热情，让我在这个领域走过了近17个年头。

2011年5月份在安徽召开的学术年会，至今我还记忆犹新。在研讨会上，孙学刚主任非常认真地向大家报告学会的工作，并进行工作实践体会、心得的交流和学术研讨。处处让我感到浓厚、亲和、平等的学术气氛，既能受到严谨学术规范的熏陶，又能提高专业素养，让我深深地感受到加入到这个组织是一件非常有意义的事情。在这次年会上，孙学刚主任还宣布要把此次选出的优秀论文在我们出版社出版，让我感到惊喜的同时，我也意识到这将是一项非常重要的工作。会后，孙老师精心组织选编论文，他对待工作认真负责的态度，让我感到由衷的敬佩。

在日常的工作中，我感到当今社会计算机技术飞速发展，电子出版物的出现对于传统编辑出版领域的影响十分深远。作为一名中国编辑学会少年儿童读物专业委员会的新成员，面对少儿读物的发展新趋势，也引起了我的一些思考。首先，电子出版物形式的少儿读物不断涌现，其广阔的发展空间已经逐渐成为一种趋势，我作为一名从业者已经不得不给予充分的重视；其次，纸质少儿读物的生命力依然十分旺盛，尤其在低幼领域的不可替代性还是十分明显的，如何充分发挥纸质少儿读物的传统优势正是我目前工作的重中之重，也十分希望广大同行多多交流，在研讨会的平台上谋求共同的发展和进步；最后，电子出版物的发展也同样是我近期主要关注的课题，如何借助好电子出版物的特性来服务于少儿读物的出版已经是目前必须重视的问题，非常渴望在今后的研讨会活动中能够有专门的主题与大家深入交流。

我很喜欢孙学刚老师在论文集中的一句话："时间是无情的，它不间歇地走动着，把人们从青壮引向老迈。时间又是有情的，它周而复始地转动着，经常提醒人们把收获和经验留下来。"的确，我会带着庞旸老师的期望在今后的工作和学习中提高自己，同时我也希望通过自己的努力能为少儿出版工作贡献自己微薄的力量。

（杨隽，中国和平出版社编辑室主任）

收获与思考

赵　昕

　　中国编辑学会少儿读物专业委员会成立 20 周年，准备出一本纪念文集，约我写一篇回忆文章。说来惭愧，这些年来虽然参加了几次活动，也是为儿童编书，但对于少儿读物的策划与编辑没有什么研究，可以说是门外汉。这也是我始终不敢为学会写文章的原因之一，生怕班门弄斧，写不到点上。

　　不过仅就参加的两次活动而言，也受益匪浅，从中学到了不少东西。第一次是在云南活动，我至今还保留着当时出版的论文集《迈向新世纪的少儿编辑》，读了其中的一些文章很受启发。第二次是在福建活动，还记得福建少儿社朱欣欣社长关于"中国图书走出热的冷静思考"的发言，生动而富有哲理。孙学刚主任发言中所谈及的"思维科学与编辑实践""编辑工作中的道德建设"和"我的读书观和道德观"，从大的视角，让我认识到作为一个为儿童编书的编辑应具备的基本素质。他所谈观点不仅对年轻编辑受益终身，对我这个老编辑来说也深受启发。会上，一些年轻编辑的发言也让我耳目一新。通过参加活动，让我加深了对少儿读物编辑工作的了解，同时也深感少儿读物编辑工作的魅力所在。

少儿读物,在人们的眼中被视为"小儿科",却承载着其他任何读物都难以替代的重任。且不说它是儿童的启蒙老师,读者的年龄从 0 岁开始,一本好的少儿读物让人受益终身。也不谈它的影响力之广,除了小读者群,还包括他们的爸爸妈妈、爷爷奶奶和老师。单从一个教材编写者和道德教育者的角度看,少儿读物在教材建设和课堂教学中也是功不可没的。

首先,编写教材需要素材,素材哪里来?翻开教科书可以看到,许多选材出自儿童文学经典作品和其他相关的少儿知识读物,有些虽然不是直接选用,也是吸取了少儿读物中提供的自然和社会科学常识素材。其实,少儿读物何止是为教材编写提供了丰富的资源,许多书中表现出的生动活泼的绘画风格和编排手法,也为教材编写提供了可以借鉴的呈现形式。我是搞小学德育课程研究和教材编写的。课程涉及道德、公民、历史、地理等多方面的常识,教科书作为与儿童对话的文本,如何贴近儿童的生活视角,适应儿童熟悉的语言表述习惯,适合儿童的审美情趣?作为学生学习的资源和工具,如何将相关的社会常识以儿童喜闻乐见的形式,深入浅出、生动活泼地呈现出来?儿童读物为我们提供了帮助。在教材编写过程中,我常常会翻阅相关的少儿读物,诸如,少儿百科全书、传统蒙学读物、品德、历史故事等等,从中找素材,找灵感。可以说,今天的教科书从内容到形式有了可喜的变化,很多是得益于少儿读物的启示。

其次,学生的课堂学习也需要资源,除了教科书、网络信息,学生生活中的所见、所闻和实践经验是资源,我想,少儿读物也是一个重要资源。过去是学生学教科书,老师教教科书,如今的课堂教学已经不拘泥于一本教科书,而是要打开学生的视野,从更广阔的领域,多种途径丰富学习内容。我手上有一本美国初等教育社会课程教程,其中在课程资源一章,谈到学生学习可利用的资源,第一条就是学校图书馆,可见,阅读对拓展学生的学习空间,开阔学生的视野,丰富学生对生活、对社会的认识多么重要。当然,对于小学生来讲,主要是他们能够读懂的少儿图书。

相比之下,在我国,就我们这门课程而言,引导学生从阅读图书中获取学

习资源要少得多。我想,是不是与目前的我国少儿图书的品种与学校学习缺少连接,以及图书渠道不畅有关。在我们的调研中,老师们抱怨教学资源少,特别是离学生生活相对远的间接知识,难于从现实生活中直接拿来。老师、学生找资源的途径,主要是通过网络。网络有着自己的优势,检索快,内容丰富,成本低,不受地域局限。但也存在一些问题,正由于内容繁多,真假难辨,如果不进行筛选,一些不准确、不科学甚至错误的信息也会进入到课堂中。再有,网络中呈现的资源,深浅层次很难区分,学生找来的很多是成人化的语言,内容也不是小孩子可以完全看懂的,课上学生磕磕巴巴地念资料,有用的、没用的混杂在一起,可想而知,学生的学习效果会怎样,有的老师称其为信息疲劳症。有时我想,如果能有丰富的、适合学生阅读的相关读物多好啊。前些年春节期间,中央台播出一个专题片《我们的节日》,而后,他们又在此基础上专为中小学生制作了一套学生版的光盘,也叫《我们的节日》,我承担了"春节"部分的脚本撰写。在编写中我发现,中国的传统节日可挖掘的东西真是很多,节日的来历、节日的传说、过节的习俗,以及蕴涵其中的中国传统道德和民族精神。当时我就想,我们的课程中有中国传统节日的内容,目前,教科书由于篇幅的限制,给学生的资源真是太少了,如果与课堂学习结合,出版一些适合学生阅读的读物,将丰富的节日文化用生动有趣的形式呈现给学生,对他们了解中国的历史和文化,提高对中华文化的认同感真是大有帮助。其实,不仅是传统节日,还有很多。比如,课程中有关于热爱家乡的教育,涉及本地区的自然环境、物产、地域历史与文化、民风民俗、人物、社会发展,等等。学生能感知到的总是有限,可不可以编一些地域文化方面的少儿读物?再比如,课程中涉及少数民族文化与发展,教科书只能选取几个典型的范例,所提供的资源是非常有限的,那么,能不能编一些有关民族文化与发展的辅助读物,供学生课上和课下学习之用呢?说了这些,不知是不是切合实际,还是异想天开,但有一点可以肯定,"教育呼唤更多的少儿读物"。当然,怎样实现二者的结合还需要探讨。

我参加中国编辑学会少儿读物专业委员会的活动,是从与孙学刚主任在编书业务的合作开始的,希望通过"专委会"这个平台,加强与各出版社的沟通与探讨。在我的影响下,我社已经有好几个编辑参加了"专委会"的活动,都感到收获很大,希望今后多参加这样的研讨会。

"专委会"走过了 20 年的历程,20 岁,正是一个人风华正茂的年龄。愿我们的学术研讨活动也能蒸蒸日上,不断创新,引导广大少儿读物编辑共同开拓更加美好的明天。

(赵昕,人民教育出版社原编辑室主任)

永远的童真

岑建强

　　我是在 21 世纪初，从一个动物的观察者和研究者转向少儿知识读物出版领域的。在这个转变的过程中，我竟然从来也不曾有过陌生的感觉，连我自己也感到奇怪。许是在我的眼中，小朋友和小动物几乎是归为同一类的。不过，转行之初让我不解的是，这个行业内的大多数人似乎都忘记了自己的年龄，常常有一些童真的表现，看上去也像小朋友或者小动物，总是让我惊诧不已。

　　其中，"中国编辑学会少儿读物专业委员会"和"少儿知识读物研究会"显得尤为突出。这两个专业的少儿读物编辑团体，仿佛就是一批"长不大的孩子"的集合。每次开会，没有常见的暮气沉沉，只有难得的返老还童。你看孙全民，宣讲论文的时候抑扬顿挫，联欢唱歌的时候激情四射，怎么看都像一个老顽童；你看冯铁军，还没说话丰富的表情已经跃然脸上，一说话自然满堂笑声，活脱脱一个卡通人物；你看刘凡文，无论什么时候脸上都挂着孩子般的微笑，唱起歌来简直就是一个明星；你看王洪涛，手中总是端着一架相机，每次会议都是忙前忙后，仿佛一个不知疲倦的孩子；你再看裴树平，肚子里似乎装着讲不完的笑话，即使是在论文点评的当口，也是妙语连珠……后来我终于明白，所有的这些大孩子能够如此青春永驻，跟这个组织的"孩子王"——孙学刚密不可分。作为主任和会长，孙学刚老师虽然不苟言笑，但一个长者的外表完全无法掩饰其内心的童真。这是一种来自心灵深处的表达，让你不由自主地忘却岁月的蹉跎。所以，在每次会议结束的时候，大多数人并不是归心似箭，而是恋恋不舍。当我们不得不告别的时候，心中忍不住种下一个期盼，期盼下一次再见的早日到来。

　　这些扑面而来的童真，不仅让我沉湎于这一份工作，也让我从原本的略有一点遗憾变成了庆幸，因为，谁不想有一颗年轻的心呢？随着一茬又一茬的老编辑退居二线，如今有些面孔在开会时已经看不到了，但我仍然可以时时感觉到他们的存在，因为他们曾经的年轻，更因为他们永远的童真。

（岑建强，少年儿童出版社编辑室主任，中国编辑学会少儿读物专业委员会副秘书长）

老 友 素 描

王广春

近日接到征稿通知,为了纪念中国编辑学会少年儿童读物专业委员会成立 20 周年和少儿知识读物研究会建立 25 周年,学会要组织编写一本纪念文集,力图展示"两会"创建和学术研讨活动的历程及成就。读后感慨良多,心情难以平静,脑海中不断闪现出参加学会活动时大家欢聚一堂、畅所欲言的场景,由此产生了强烈的写作欲望,却又不知从何处下笔。苦思冥想之际,突发灵感,索性把在此相识的众多朋友梳理一番,依自己的主观印象,用拙笔不加修饰地一一刻画——"素描",以作纪念,岂不为乐事。心随笔动,信笔写来,着墨多少不一,见笑。计有一十二位,他们是:

儒雅掌门人

坦白地说,将学刚先生列为老友开篇介绍,实有攀附之嫌,好在先生不会怪罪,我也就斗胆"扯起大旗做虎皮"了。

孙学刚,笔名雪岗,资深编辑人。他的事迹及成就本人难以概全,不须赘述。现任中国编辑学会少年儿童读物专业委员会主任，我们圈内响当当的掌门人。十多年来，"两会"活动长盛不衰，从者甚众，成为大家业务交流、学术研讨、感情沟通的重要平台，孙主任领导有方，居功至伟。如果仅就学会工作为学刚先生评功摆好，依本人资历和人望远远轮不上，另有贤能鸿篇论述，敬请详读。我敬重学刚先生，更为先生的儒雅气质所折服：笔下文章雅气，做报告雅气，平时言谈雅气……这些都按下不表，单说其雅好之一——昆曲反串，好生了得。我有时突发奇想：假若时光倒流，学刚先生恰青春年少，扮上全套行头，浅吟低唱，一招一式，举手投足，其迷人风采绝不逊于时下蹿红的李玉刚之辈，肯定会赢得满堂喝彩，倾倒一大片观众。至于你信不信，我反正信了。

忠厚长者

老刘，刘道远也。又瘦又小的身材，微微谢顶；略显突出的驼背，可能是长年伏案的结果；和蔼可亲的神态，慢条斯理的言谈，让人感到他的平和和谨慎。烟瘾很大，这可能也是导致他身体不好的原因之一。而他给相识的人最深的印象可以用两个字形容——朴素。无论学会的哪次活动，你都能看到他身着过时的衣装，手拎着在 20 世纪 80 年代都算不上时兴的人造革包。许多人都以此调侃，老刘都会一笑而过，从不应答。作为学会的秘书长，老刘工作起来极其认真负责，每次组织活动都不厌其烦地亲自打电话，周到通知，讲解注意事项，强调要求；针对出现的各种情况，提出解决问题的方法。每当大家聚在一起时，他又不事张扬，默默地融入其中，颇有长者风范，深受人们尊重和喜爱。可惜天公不遂人愿，老刘没有像他的名字一样，在人生道路上走得更远些。道远，道远，道未远。呜呼，哀哉！老刘，安息吧。

京城一"型男"

洪涛兄和老刘是我参加学会活动以来所经历的两任秘书长，他俩都供职于中国少年儿童新闻出版总社。两人比较，老刘瘦弱，洪涛体胖；老刘朴素得近乎"土"，洪涛时尚得略显"洋"。但两人工作态度都极严谨认真，是学会活动

的具体组织者,孙主任的得力干将,多年来付出很多辛劳。

记得某年我社承办会议,由我操办会务,真是"大姑娘上轿——头一回",毫无经验。只好向洪涛兄讨救求援。洪涛兄热情相助,帮我出主意,想办法,协调关系……最后终于使会议圆满召开。

洪涛兄乐于接受新鲜事物,与时俱进,电脑使用得心应手,相信许多人的电子邮箱里都有他发的颇具创意的图片和贺年卡。洪涛兄热爱摄影,外出参观活动时,装备和衣着与专业人士类同,特别是头戴一顶绣着英文字母的休闲帽,非常有"型",整个一摄影家的"范儿",好不潇洒。安徽古村落之行时,他担当"美女团队"专职摄影师,肯定拍出不少佳作。

"铁杆"朋友

冯铁军,绰号"老铁",是我在河北少年儿童出版社的同事,更是我的良师益友。

我是半路出家调进河北少儿社的,后投在冯铁军老师门下,自此开始我俩的友谊。那时的铁军正值盛年,书生意气,才学过人,策划选题、编辑图书,出手不凡,经手的图书屡屡获奖。工作中,铁军对属下严格要求,精益求精,毫无保留地"传帮带"。所谓严师出高徒,这些年来,光从铁军领导的编辑部走出来的社级领导就有三位,有人将他领导的部门戏称为河北少儿社的"党校"。在铁军的扶持和帮助下,通过几年的努力,我的业务水平有了长足的进步,两人合作编辑的《中国结丛书》荣获首届中华优秀出版物图书出版奖。生活中,铁军和我脾气相投,还有不少共同的兴趣爱好。渐渐地,我俩成了无话不谈的好朋友,俗称"铁杆",还伴生出许多令人捧腹的小故事,那真是一段令人难以忘怀的美好时光。后来,我俩分属不同部门,但友情仍与日俱增。不料近两年来铁军身体状况欠佳,有一次到宁夏开会还曾发病,心理上有了一定的负担,遂萌生退意,往日风采渐行渐远。我也曾多次开导,但"解铃还须系铃人"。铁军主动要求退了下来,偕夫人远赴万里之遥的新西兰,帮助儿子照看孙子,一家人在异国他乡团聚了! 在田园牧歌式的国度里,铁军含饴弄孙,其乐融融。

我想经过此番身心调理,铁军定会以全新面貌归来。在此,胡诌打油诗一首:莫言离岗度闲年,有为更促体康健;我劝铁公重抖擞,老编妙笔著新篇。

天生我才必有用

提笔写到"凡文"两字,脑海里老兄的形象鲜活闪现,令我不禁套用春晚小品里的经典台词夸赞:"你太有才了!"

凡文兄的才气绝非浪得虚名,论学识,全球大事,政经新闻,且听他条分缕析,娓娓道来,人文掌故,奇闻轶事,且听他妙语连珠,令人叫绝;论口才,引经据典,出口成章;论人脉,上至达官显贵,下至贩夫走卒,都有朋友结交;论情趣,十年前我就像刘姥姥进了大观园一样参观了他收藏的明清家具,那时,许多人还不知"黄花梨""紫檀"为何物呢。每次圈内开会,凡文兄自然成为我们的中心人物,气场强呀!每每此时,肯定欢声笑语一片。

如今他借单位改制之机急流勇退。我想凭凡文兄的才干,如果自立门户,开创自己的一番事业,像周杰伦唱的"我的地盘我做主",摆脱公有体制内的种种束缚,定能"广阔天地,大有作为"。凡文兄,"莫愁前路无知己,天下谁人不识君"。

大哥,大哥,你好吗

楚健大哥与铁军十分要好,我自然与之相熟。他已多年未参加学会组织的活动了。听他的同事说,熊大哥退休后仍受聘于社里,发挥余热,笔耕不辍。

楚健大哥是个非常重情义的人,仅举两例:铁军好古,痴迷于古瓷片的收藏。某年三八妇女节,湖南少儿社组织郊游,楚健大哥自告奋勇带队前往。原来此地为长沙铜官窑遗址——假公济私也。到达后,楚健大哥现场动员,将景区游览改为田野挖掘,美其名曰"遗产保护",意义重大。结果是日落西山红霞飞,楚健一票人捡拾瓷片把"营"归。可怜熊大哥已年过半百,筋疲力尽,未及脱衣,即倒床酣然大睡。前些年,我们一行四人到湖南,楚健大哥盛情款待,带我们到湘西凤凰古城游览,住进他购置的沱江边上吊脚楼。白天,我们徜徉于

遗存与山水之间,发思古之幽情;入夜,两岸灯火映衬,江水潺潺,我们在平台上品茗夜话,海阔天空,畅谈甚欢。此情此景,恍如昨日,怎一个"爽"字了得。

写到这里,我不禁想马上拿起电话,问候一声:楚健大哥,近来可好?

湖北"淡定哥"

我认识祥雄兄时,他早已是湖北少年儿童出版社的副社长了。但他给我的感觉是没有什么官架子:浅浅的笑容常挂在脸上,随意率真的话语,平和洒脱的心态,一副我行我素"淡定哥"的模样。如果你以此判断祥雄兄是个"好好"领导形象,那可就大错特错了。听介绍,他在湖北少儿社分工负责编辑和出版业务时,也是雷厉风行、说一不二的工作作风。听他谈选题,讲管理,头头是道,观点独到,令人佩服。这几年他们出版社出了不少在市场上有影响力的畅销图书,老兄功不可没。只是最近相见,发现他略显憔悴。不知是否紧张繁忙的工作压力所致。总之,想对祥雄兄道一句"别太辛苦了,要保重身体",这可是"继续革命的本钱"呀!

不用扬鞭自奋蹄

我第一次参加学会活动的地点是在西安,未来出版社是东道主,李建明兄主持。会议期间,建明老兄可是忙得不亦乐乎,事无巨细,事必躬亲,让大家深受感动。

这些年来,每次与建明老兄接触,都能感受到他一丝不苟的良好品格:参加学会活动精心准备论文,专心致志地笔录,实话实说地发言。从中看得出他对图书选题、编辑、出版的深入认识和思考;对出版社业务管理和发展方向的不断探索和追求。听他的同事介绍,建明老兄无论是在编辑部还是在社里担任领导,做起事来一直认认真真,勤勤恳恳,典型的"老黄牛"性格。我想,建明兄正是凭借不尚空谈、脚踏实地的实干精神获得社内外同事和朋友良好的口碑,也是对时下业内有些浮躁做作之风气的有力回击。

英俊帅气的"弄潮儿"

克文社长英俊帅气,与某个领导人有些像,我想如果当年有人举荐,说不定克文能进入八一电影制片厂担任特型演员呢。可是出版界却少了一个锐意进取、佳作不断、高歌猛进的领军人物。多年前我见到的还是编辑部主任的克文,那时的他温文尔雅、谈吐不凡,是大家公认的"希望之星"。随后不断传来他升迁的好消息,但每次见面他给人们的感觉依然故我——彬彬有礼,不骄不躁。安徽少儿社这几年在克文社长的领导下,在全国少儿图书出版界内异军突起,取得了骄人的业绩,成为榜样。前几日的中央电视台新闻联播时段,我又在荧屏上看到克文社长侃侃而谈,如数家珍地介绍图书出版情况。好一个文化体制改革大潮中的"弄潮儿"!这里,祝愿安徽少儿社的明天更美好!祝愿克文社长的明天会更美好!

不老的"老顽童"

小个子,小平头,昂首挺胸,目光炯炯。不错!孙全民是也。江苏少年儿童出版社编审。多年的军旅生涯使他对军事题材图书选题情有独钟,在编辑工作中游刃有余,出了不少"叫好又叫座"的少儿图书。此公是参与"两会"活动的积极分子,发言常常博得掌声一片,因为其中不乏真知灼见,而且充满着激情和活力。全民老兄还有一大特点,就是满怀好奇心:每次参观时,你会发现他不断地提问题,拿着小相机不停地在拍照。我想,他身上的这些特点正是一名少儿图书编辑所应具有的特质。可惜岁月不饶人,老孙已是花甲之年了。登黄山时,他体力不支,最后是由两位"美眉"编辑陪护摸下山来,好不狼狈。据他介绍,女儿学有所成,现已在某出版社工作,看来"革命自有后来人"。老孙,好福气!

"阿拉"很精彩

"阿拉",指代上海人。这里写的是上海少年儿童出版社的裘树平和岑建

强，两人年轻时都有很深的专业研究背景，后来转行从事图书编辑工作。

先说老裘。老裘不轻易与人攀谈，但如果你与他讨论图书出版的话题，那时的老裘判若两人，口若悬河，滔滔不绝，简直就是另一种风格的海派清口，会让你受益匪浅。老裘不善饮酒，但一次开会时在草原野餐，那天恰逢他的生日。于是，大家纷纷向他敬酒表示祝贺。老裘豪兴大发，频频举杯，来者不拒。我记得那天喝的是内蒙古出产的一种白酒，诨名"闷倒驴"，形容酒烈也。我窃窃地问老裘一句："那天是否倒也？"

再说老岑。此公长得精瘦，实际年龄快"奔五"了。思维活跃，精明能干。朋友相聚在一起时，他常常带着善意的坏笑玩起冷幽默。某日席间，老岑忽然正色说道："此宴是我今生最幸福的晚餐。"众人听后不解。他解释："因为我身处老铁和广春之间，被幸福紧紧包围，故有此说。"原来，那几日新闻热点是某权威机构发布报告，宣称我的居住地是中国大陆幸福感指数最高的城市。消息一出，令我等颇不以为然——觉得完全是地方官员的一种政绩炒作。没想到老岑借此话题调笑我等一番。

"两会"活动进行了 20 年，我参与其中也有十多年的历史了。我与众多人在此相遇、相识、相交，留下了许许多多难以忘怀的故事……写到这里意犹未尽，只是才疏学浅，词不达意，无奈，只好作罢。时光荏苒，世事变迁，近年来一些老朋友已开始渐渐淡出学会活动，一些新生力量已开始陆续加入。我期待着与他们的机缘。有朝一日，当学会举办 30 年纪念活动时，我再提笔将更多的新朋老友细细描绘。

（王广春，河北少年儿童出版社编辑室主任，中国编辑学会少儿读物专业委员会副秘书长）

结交俊杰　激情燃烧

叶　宁

　　我第一次参加中国编辑学会少儿读物专业委员会组织的学术研讨活动，是 2005 年 7 月到哈尔滨，参加"专委会"组织的学术研讨会。在这个会议上，我认识了"专委会"的几位领导，如孙学刚老师、刘道远老师等，以及一大批出版社的社领导、编辑室主任、编审、副编审等。可以说，与会者都是专业俊杰，各有所成，令人敬佩，让我感到该会议很有专业品位。当时，我已 42 岁，工龄 22 年，出版社工龄 13 年，副编审，因工作成绩突出刚调任文教编辑部主任，全面主管出版社的教材教辅工作。

若按传统眼光,42 岁已不属于青春,但以今日之生活水平与健康新标准, 42 岁依然可以是一个充满青春气息的年龄。对我来说,42 岁是一个拥有了相当的生活阅历、出版工作积累和具有一定出版科研学术眼界的年龄;当时,我正处在渴望学习、开拓创新、实现新一轮创业的特殊事业阶段。

我在 2005 年社内竞争上岗演说的题目,叫作《激情燃烧的日子》,表达了当时那个人生阶段的身心状态:"今天,虽然我人到中年,青春已逝,但是我依然相信有一些美丽和忧愁可以从头再来, 有一些感动和温暖会和我不期而遇。我愿意为这样的生活而努力,为这样的事业而奋斗,而失败,我会继续用自己的声音和脚步,去守护自己的理想,与大家一起战斗!"

我正是以这样一种结交俊杰、激情燃烧的心灵,走进中国编辑学会少儿专业委员会这个大平台的。当时,我的心青春豪迈,依然年轻,既渴望学习,又具有自信,我明确地知道我想要什么。我不仅希望在"专委会"这个学习共同体中向来自五湖四海的编辑同行们学习,还希望与各路俊杰碰撞激荡,拿出自己学术研究和工作积累的真体验、真观点,与大家平等分享,求真务实,共话成长。

在 2005 年哈尔滨的学术研讨会上,我提交的论文《在经营管理中内化文化理想的建设》,获优秀论文奖,该文后来发表在 2006 年第 1 期《编辑之友》上。在随后的几年中,我有幸连续参加了"专委会"的学术研讨活动。我参加了 2006 年 7 月在河北承德举行的中国编辑学会全国少儿读物编辑工作研讨会,提交的论文《教辅读物营销的文化内涵和理想精神》获论文一等奖。我参加了 2007 年 8 月在宁夏银川举行的中国编辑学会全国少儿读物学术研讨会,提交的论文《在效益管理的尺度下把握创新的方向》获优秀论文奖。

可以说,在连续几年参加"专委会"组织的学术研讨活动中,我达到了开阔眼界、分享体验、提升理论、增长才干的目的,我的出版科研能力提升到一个新水平,工作能力和实绩达到一个新阶段。那几年,有很多编辑不重视理论学习和学术研究,对市场化导向认识进入误区,放弃对文化理想的坚守,忽视理论学习,认为出版理论是空泛的,编辑追求文化理想是缺乏实际功效的。而我反其道而行之,出于自身曾经当过大学教师,做过学术研究的经历,强调出版工作理论研究的重要性,用理念引导实际工作的重要性,强调出版理想、文化内涵在管理层面上内化渗透的重要性。

我把理论研究紧密联系出版工作实际,有力促进了我的出版编辑工作,并产生了巨大的经济效益,实现业绩腾飞。正是在那几年,我主持规划实施的教材教辅编辑营销工作实现了持续几年的跨越式发展,在出版规模与品种上实现新突破,在市场化编辑营销工作模式上有创新,在培育教材教辅核心竞争力上产生新亮点,在福建省教育界树立了教材教辅新品牌。这些编辑营销工作成绩的取得,与我长期坚持做出版学术研究是分不开的,与参与"专委会"组织的学术研讨活动并受到"专委会"领导的培养、鼓励是分不开的。

上述在"专委会"交流并获奖的几篇论文,后来陆续发表在《出版发行研究》和《出版广角》上,使那几年成为我出版科研成果产生最集中的一个时期。那几年,在"专委会"这个大平台上,我们认真进行学术探讨,交流编辑体会,同时游览祖国的美丽风光,让友谊融化在山水之间,让朋友间的想念珍藏在心灵深处,使我拥有了一段结交俊杰、青春豪迈、寄情山水、激情燃烧的难忘岁月。因此,我非常感谢中国编辑学会少儿读物专业委员会这个学术团体,它成为我实现个人能力发展和培养专业自信的一个重要支撑,给我的编辑专业成长之路留下了一笔精神财富!

中国编辑学会少儿读物专业委员会举办的各类研讨活动,成为许多编辑同行专业交流和能力成长的重要资源,这无疑是因为这个学术团体具有某种精神追求并形成一种氛围,从而对编辑产生吸引力,对编辑的专业发展形成推动作用。我连续几年参加了这些研讨活动,对这个团体的精神和氛围有切身感受,而持续几年参与的时间长度,也使我对"专委会"的工作有一个逐渐深入的浸染、反思和观照。因此,我觉得有必要把这个学术团体的几个突出优点加以简要总结,供大家参考。

"专委会"在开展学术研讨活动中有以下几个特点:

1.开展学术研讨坚持务实求真,平等交流,讲究论文的学术品位。

在参加"专委会"举办的学术研讨活动之前,我已经是一个有一定工作经

验和科研能力的副编审,已参加过许多次其他专业学术团体举办的学术论文研讨活动,得过一些论文奖。因此,对于各类团体举办的论文研讨活动,我已有一些比较性的认识,有一些自己的看法。

比如,有些论文研讨活动并不真正讲究学术研讨,而带有一定走过场的性质;在评比论文时,不是实事求是地看论文质量,而是看论文作者是否是单位领导,是否是老同志,这样评比出来的论文,在质量上不一定具有很强的学术品位。比如,有一些感想式、体验式或工作总结式的所谓论文,也被评为优秀论文奖,这种研讨会的学术氛围就比较薄弱。而中国编辑学会少儿专业委员会在评比论文时,非常看重论文质量本身,而不是看论文是谁写的。这样以实事求是、追求质量评比出来的论文,就具有比较高的学术品位,使"专委会"形成一种追求学术的高尚氛围,吸引全国编辑同行参与研讨。我觉得,这与"专委会"主任孙学刚同志本身具备学者型、专家型领导的气质,以及他提倡学术品位和专业氛围的导向,是分不开的,他在主持"专委会"活动中对树立学术标准起到了重要的引领作用。

2.结合编辑出版工作特点,理论联系实际,倡导实践性的科研学风。

搞学术研讨活动最忌讳华而不实,脱离实际,脱离本行业工作特点和实际需求,为研讨而研讨。编辑毕竟不是大学教授或研究员,出版社也不是专门的学术单位,因此,编辑从事学术活动的目的,是为了指导实践,推动出版工作实际出成效。尤其是出版工作是一种实践性很强的工作,又处在市场化经营管理的大背景下,因而编辑从事理论学习和学术研究,就必须倡导实践性的科研学风。在这一点上,"专委会"体现了非常突出的优点;我个人认为,这个优点正是该"专委员"相比较于其他学术研讨会而显现的与众不同的优点,也是"专委会"让人觉得务实求真、开拓进取、充满活力、吸引年轻人的地方。

比如,在连续几年的学术研讨会议上,主持会议的孙学刚同志提出:希望大家在交流论文时,不要照本宣科读论文,不要像念报告那样念论文,不要为论文而论文,而要以论文主题为核心,以讲话或演讲的方式谈体验,说观点,与大家进行分享式的交流,以达到现场气氛的互动与有效沟通。孙学刚同志说，如果仅仅是念论文，论文都已打印出来分发给大家了，大家都会看，那就不必这样好不容易从五湖四海聚集一堂来开现场会了。尤其是编辑工作是一种实践性的工作，编辑是读者和作者之间的桥梁，市场化的编辑策划和营销都需要面对读者进行沟通宣传，编辑就更需要学会用讲话甚至是讲课的方式来交流论文，而不是干巴巴地念论文。

孙学刚同志提出的这个要求，可以说是点到要害，对这一点，我体会尤其深，感悟也很多。因为我在进入出版社工作之前，已当过8年的大学教师，对教学讲课有切身体会，深知表达交流方式的重要性。不管在什么样的开会场合，没有人喜欢听干巴巴的报告。我在进入出版社工作后，在编辑营销工作上取得了比较显著的成绩，形成了自己独特的市场化风格和个人编辑品牌，这其中有多种原因，但当过教师的经验和善于表达的能力起到了重要作用，这方面的个人编辑素养和文化底蕴，成为我超越那些没当过教师的编辑的一个重要优势。

从表面上看，我进入出版业比别人迟了八年，专业能力发展比别人迟，但正所谓"踏实走过的路从来不会白走，流过的汗水不会白流"，在进入出版业5年后，我在编辑能力的某些方面开始厚积薄发，赶超别人，这正是因为我有当过8年教师的积累，以及在大学8年中从事学术研究的积累。

后来，我把自己的编辑专业成长道路以及工作模式，以借鉴教育教学研究中"教育叙事"的方式，命名为"出版叙事"研究，以"出版叙事"研究的方式带出一批科研成果并有效贯彻到出版实践工作中，取得社会效益和经济效益，这是另一个比较大的话题，在此不赘述。我想说，正是因为我有这些不同种类工作、不同学科研究的背景和经验，才使我能在相互比较与融会贯通中，从超越单一的编辑专业角度，从更高一级的编辑文化内涵的层面上，领悟到孙学刚同志提倡的实践性学风对于编辑科研、编辑专业工作的重要性。这一点也说明，孙学刚同志在主持"专委会"工作中，并不仅仅倡导学术性的一面，他同时也站在编辑实务工作与市场化实际需求的立场上，对编辑素养和能力发展提出了实践性要求，做到了学术性和实践性相统一。这样的引导体现了

一个领导者清醒的实践意识和专业高度,非常难得。

事实上也正是这样。20 年来我参加过许多各种层面、各种类型的学术研讨会,几乎没有人关注过论文交流的方式、方法以及背后所隐藏的编辑素养内涵的意义。在一般论文交流大会上,基本是爱怎么讲就怎么讲,而且基本上是以"念论文"或"讲报告"的方式进行,没有人提出异议,没有人提出要求,大家习以为常。在这样普遍性的论文研讨背景下,中国编辑学会少儿读物专业委员会的论文交流方式,就显得与众不同,有所创新。

3.开展学术活动持续、规范,及时总结科研成果,对会员单位形成向心力。

"专委会"注重常规管理,基本上每年都举办不同主题或不同类型的学术研讨活动。这样,就使学术研讨活动具有持续、规范的特点,具有较强的连续性,从而得到各个会员单位的关注,得到与会者的重视。"专委会"还对历次评比的论文进行汇编出版,及时总结科研成果,这既是一种对参与学术研讨的编辑的鼓励,也是一种为论文作者服务的方式,深得编辑们的赞誉。

回顾自己参与"专委会"学术研讨的那几年,我不仅有业务上的进步与收获,还有人生的感动和对美好时光的留念,那是我职业成长和人生体验的一个重要时期。在那几年,我认识了很多编辑朋友,得到过出版界长辈的关心和指导,点滴感动铭记在心。

在此,我还想提到中国少儿出版社的刘道远老师,我与刘老师不仅在历次学术研讨会上交流甚多,我们平常还经常互通电话交流问候。刘道远老师敦厚朴实,言语不多,待人诚恳,他是我的好老师,也是我的好朋友。刘道远老师后来过早逝世,是我完全没想到的,我非常难过,非常伤感。因为,只要想起中国编辑学会少儿读物专业委员会,我就会想起刘道远这个名字;在我的记忆里,刘道远老师的名字和中国编辑学会少儿读物专业委员会永远在一起。在这篇纪念文章的最后,我想写下一句话:怀念刘道远老师!

（叶宁,福建教育出版社社长助理,中国编辑学会少年儿童读物专业委员会原副秘书长）

"感谢政府"

吴 娟

虽说从事编辑出版工作已经多年，但是参加中国编辑学会少儿读物专业委员会和少儿知识读物研究会的学术研讨会总共只有两次。一次是在武夷山，还有一次是在合肥。

2009 年 11 月 16 日至 19 日，学会在福建省武夷山市召开了 2009 年度编辑学术研讨会，共同探讨繁荣和发展少儿读物的理论和实践。此次会议由我们福建少年儿童出版社承办。我作为东道主代表，同时也是论文作者，与来自全国 28 家少儿出版社的 46 名代表一同参加了会议。由于我是第一次办会，经验欠缺，加之之前没有参加过本会的活动，所以只好赶鸭子上架，硬着头皮接下了会议的会务工作。多亏了会长孙学刚老师和秘书长王洪涛老师的指点，在社领导及众多同仁的支持和帮助下，我总算圆满地完成了任务，同时也结识了许多新朋友，像温文尔雅的学者型领导孙学刚先生，身材魁梧、摄影技术一流的王洪涛老师，英俊潇洒的张平老师，还有长相粗犷但言语温柔的佟子华先生以及自称芳龄 36 但老成持重、宛如 63 的"黑马"张立新先生，都给我留下了深刻的印象。其中，印象最深刻的是苏少社的孙全民老师，这不仅因为他是本次会议我接待的第一位参会代表，更重要的是孙老师虽说年过半百，可是他的心态忒好，特年轻。他的风趣幽默，他的平易近人，给我留下深刻的印象。

根据孙学刚先生的指示，我同孙全民老师及接力社的美女廖晓安老师一起承担武夷山会议的论文评选工作。之前我没有参加过本学会的活动，所以心里没底，诚惶诚恐，生怕做不好。在他的热心指点和帮助下，我信心大增，与两位前辈积极沟通，密切配合，顺利地完成了本次研讨会论文评选工作。当然也因为承担了大量的会务工作，所以我与其他代表的交流和沟通的机会不多。幸运的是，武夷山会议总体来说还是成功的，给大家留下了较好的印象。会议结束后，我和孙老师成了好朋友。逢年过节都会在 QQ 上问个好或是发张电子贺卡。

2011 年 5 月，研讨会在安徽合肥召开。这次会议因为不用承担会务工作，因此时间相对宽裕，特别轻松，除了与老朋友相会外，又结识了不少新朋友，像久闻大名终于见到真人的浙少社的袁丽娟老师和娇小玲珑的吴云琴美眉，豪爽大气的和平社美女杨隽，乐于为众人带来欢乐的"狼外婆"吴琳女士，还有全程与我同居一室的川少社气质美女鄢志平等。

更让我高兴的是，又见到老朋友孙全民老师。这回我发现，孙老师有句口头禅，动不动就说："感谢政府！"宣讲论文前，他先"感谢政府"，大会发言后，他也"感谢政府"。吃饭动筷子前，他"感谢政府"，吃完饭后，他还要说一句"感谢政府"。以至于四天会议结束前，我们大家无论做什么，都学会了先来一句"感谢政府"。

安徽会议最令我难忘的还是在黄山市小吃楼的晚宴。那晚，我有幸与孙全民老师同坐一桌。席间，由另一桌金嗓子美女吴琳女士发起拉歌，我和川少社的美女鄢志平都属于安静型的，心想：惨了，我们这一桌的人员组成好像有点问题,既没有金嗓子,又缺大嗓门,只好甘拜下风了。没想到。关键时刻,孙全民老师挺身而出,以一当十,勇敢迎接邻桌的挑战。他以一首高亢嘹亮的军歌,压住了邻桌的气势,赢得了阵阵掌声,还吸引了酒楼的众多食客和服务员前来观战。在他的带动下,我们桌的男女老少齐上阵,不但勇敢迎接挑战,还积极出击,与邻桌拉歌,把晚宴的气氛不断地推向高潮。那次晚宴,最后在优美的歌声和热烈的掌声中结束。那晚享用的美食美酒都已毫无印象了,但是那优美的歌声和热烈的气氛还常常让我想起,至今难以忘怀。感谢政府!感谢孙老师!让我拥有一个如此美好的回忆!

（吴娟,福建少年儿童出版社编辑室主任,中国编辑学会少儿读物专业委员会副秘书长）

这样的年会我珍惜

王小斌

中国编辑学会成立于 1992 年,是一个全国性、群众性的学术团体。它在现有的编辑行业基础上进一步加强编辑工作中的实际问题和基础理论的研究,努力使编辑研究工作搞得更广泛、更活跃、更深入。学会总的要求是要通过理论和业务的研究,探索编辑工作规律和科学原理,建立编辑学的理论体系,为发展中国特色的社会主义出版事业服务。中国编辑学会下属的二级机构少儿读物专业委员会,成立于 1994 年,至今已有 20 个年头。它在少儿编辑界有着广泛的影响。在"专委会"20 周年之际,雪岗老师嘱咐我为纪念文集写

点东西,我诚惶诚恐。

我在2009年第一次参加"专委会"的活动,才知道有这么一个咱们编辑自己的组织。当年,因为改制,原来经常参加这个活动的社领导丁志红退居二线,我有幸顶替她参加活动,很是兴奋。根据经验,大凡举办什么活动,不外是大家找个地方聚在一起开个会,然后就观光,倒也惬意。未想这一次却大跌眼镜。

那一年的年会由福建少儿社做东。报到的当天,福建少儿社设晚宴为大伙儿接风,朱社长、陈副社长等主人酒量好且热情,连我这个不沾酒的人也被劝了一杯。席间朱社长闲聊,透露了福建少儿社近年的骄人业绩和朱社长本人的"战绩",不知是酒热人还是话热人,听了朱社长一席话,我的脸火红红的……而且,让我更脸红的事还在后头。次日,活动正式开始,在一番例行的程序完成后,进入大会的主议程——各社与会者宣读自己的论文。听着同行们的精彩发言,一方面我受到很大启发,另一方面我的脸一阵阵发烧——我这次代表新世纪出版社来开会,自己竟没写论文带来,也没有发动社里的编辑写论文,十足一副"混会"的模样。当时坐在会场里,真是如坐针毡,尤其是大会主持人雪岗老师在总结时委婉地希望:"在这次会议上没有宣讲论文和提交论文的出版社,回去后要好好发动编辑积极写论文,要充分利用好我们这个平台。"听到这里,我当时真恨不得找条地缝钻进去。我没有想到,这个研讨会居然是这样认真的一个团体;我也没有想到,大家写论文是这样认真。其实会议的通知是写得清清楚楚的,是有提交论文这个要求的。可我以"小人"之心,度年会之"腹"了。那几天,我开会、活动都不好意思和大伙儿凑在一块,总觉得自己是个没交作业的差等生。

大概是与会者都是少儿社的编辑的原因,大家都是充满活力的。那几天,我也认识了许多新朋友,通过交流,了解了兄弟社的形势,看到了自己社的不足,暗暗下决心参加下一次年会时不要再丢人了。

转眼就过了两年。这两年来,我看准了市场机会,适时引进了美国原著《Diary of a Wimpy Kid》,经过市场调研,多方论证,确立了出版方案,以中文书名《小屁孩日记》出版了这套令人捧腹爆笑的另类日记。该书在国内面市后,

很快成了老少咸宜的畅销书。2011年,"专委会"又发出了在安徽举行年会的的通知。这次我心中有数啦——因为上次会议回来后,即向领导汇报了会议的精神和情况。社领导也意识到这个问题的重要性,给编辑们布置了写论文的任务。于是,我很快就收集了五篇论文。我自己也根据《小屁孩日记》的实际发行销售情况,写了一篇论文《图书的目标读者定位可以跨界》,对"读者定位细分"这种趋势和做法提出了不同的看法,认为"读者定位细分"传达出了人们从不同角度对市场的界定和对图书特色的追求,蕴涵着整个业界从计划经济向市场经济转轨、从粗放经营向集约经营过渡的阵痛,意味着出版人市场意识、效益观念的增强和对生存模式与发展道路的艰辛探索。然而,"读者定位细分"不是绝对、一成不变和包打天下的,也不是绝对"分得越细越好",而是可以相对宽松、相对灵活的,也是可以跨界的。论文试图以《小屁孩日记》为案例,并列举了不少论据,就图书的目标读者定位可以跨界这个问题做一些分析,探讨"跨界"这种逆势操作的做法的可行性及市场意义。

带上这些"硬通货",我来到了安徽。这一次我不再心慌,不再脸红了。但我没有想到大会会安排我宣读自己的论文,最后,还给我的论文颁发了一等奖奖状。我的发言,引起了人们的关注,他们纷纷了解《小屁孩日记》的出版发行情况,甚至还不无"眼红"地对我说:"这《小屁孩日记》怎么就到了你们新世纪社的手上?"我带去的其他论文,也以不同的质量获得其他奖项。这一次开会我吃也吃得香,睡也睡得好。

其实,我们写论文,开会宣读论文,对少儿读物出版发表自己的见解,这真是一件很有意义的事情。在这里,我们可以听到一些优秀出版社的优秀编辑的经验之谈,可以了解一些优秀出版社的经营之道,可以总结、探索出版工作的方方面面,这对于我们做好少年儿童读物出版工作,大有裨益。所以我现在不仅不怕参加会议,反而盼着两年一度的年会。届时,又可以吃一顿"精神大餐"啦!

(王小斌,新世纪出版社原编辑室主任)

回忆第一次参加全国少儿读物编辑研讨会

陈德军

中国少年儿童出版社的孙学刚先生是一位有造诣的编辑学家,他原是中少社的副总编,一直致力于知识读物的编辑出版和研究工作。我认识孙先生多年,每次见面都获益匪浅。目前孙先生尽管已经退休,仍然没有离开编辑出版工作,还担任着中国编辑学会少儿读物专业委员会主任,其工作的忙碌程度不逊于从前。孙先生知识渊博、为人谦逊,乐于提携后学。前几天,我接到了孙先生的电话,说中国编辑学会少儿读物专业委员会成立 20 周年,其前身少儿知识读物研究会问世 25 周年,要出版一本纪念文集,希望我写一点文字,从我的视角,谈谈参加编辑学术研讨的体会。孙先生的电话勾起了我的回忆。

我最早一次参加少儿读物研讨会,是在 1995 年,那时我才工作一年。作为一个

青年人,满怀着对编辑工作的新鲜感、对文化事业的憧憬,我参加了这次会议。就是在这次研讨会上,我结识了以孙先生为代表的一代治学严谨、编辑功底扎实的老编辑。

这次研讨会是在沈阳召开的,辽宁少儿社是本次会议的东道主。说实在的,那时候,大家的编辑研究气氛很浓,出版社之间的友谊合作意识也远远大于竞争意识。与会代表大都带来自己编辑的图书进行交流,介绍自己的编辑经验,宣读自己的论文。我作为一个出道不久的年轻人,非常入神地听着大家对选题策划、编辑研究工作的体会。我还记得,中少社编辑介绍的是《不知道的世界》丛书的策划编辑工作,未来出版社的编辑介绍的是一套关于恐龙知识的趣味图书。通过听大家的发言,我比较清晰地知道了这样的课题:选题策划的视角,编辑知识读物如何和小读者的兴趣结合,如何通过知识读物的编辑对小读者进行人文精神、科学精神、志向理想的熏陶教育。会下,一些老编辑倾心向我介绍编辑经验,说编辑工作没有捷径,只有靠勤奋,每编辑一套书都要尽心尽力,做一次图书编辑就要长进一次。这都给我留下了非常深刻的印象,并对我以后的编辑工作产生了很大影响。

这次研讨会,我还随同这些老编辑参加了辽少社组织的考察,参观了本地的自然景观和人文古迹,增长了见闻。在考察中,一些老编辑语重心长地对我说:"要想做一个称职出色的编辑,在条件许可的情况下,要尽可能地扩大自己的视野,增进自己的见闻。比如你编写科普读物,如果没有这些亲身的参观感受,是不容易把图书编辑得有声有色的。要记住,我们考察可不只是游山玩水呀。"多少年过去了,仍言犹在耳。

第一次参加少儿读物编辑学术研讨会,我有幸结识了有造诣的从事少儿知识读物的编辑,得到了他们的指点,有的保持了多年的友谊。很多年过去了,时代在发展,编辑的内涵也有了新的变化,但那次会议给我的教益和影响至今犹在。

(陈德军,新蕾出版社副编审)

记一次少儿读物编辑学术研讨会

张　平

　　打开记忆的闸门,舒展精神画卷,在顺时针的川流里,中国编辑学会少儿读物专业委员会度过了 20 个春秋。每每回首,总感觉时间过得很快,很快;每每静思,又总有一些经历过的片段在记忆深处闪现……这里将本人 2009 年参加在福建举办的一次研讨会的回忆拿来与同行分享,算是对中国编辑学会少儿读物专业委员会 20 周年的纪念。

　　我是从北京坐飞机去的福建,一下飞机,福建少儿出版社的朋友就在出站口等着我们,给人亲切的感觉。真是有缘,和我坐一趟班机的有人民文学出

版社的肖丽媛女士、中国少儿新闻出版总社的李橦和中国大百科出版社的程力华女士。肖女士给人一种玉树临风、浪漫洒脱的感觉，如琥珀般明亮的双眸中带着一种天真的透彻。李橦宽肩、阔背，充满着爆发的力量，我们两个人住在一个房间，好像早已认识似的，一见如故……

第二天便是学术研讨会。主持研讨会的孙学刚主任，清瘦儒雅，能让你联想起古代的哲人，真有点"先知先觉"的味道，平易近人，知识广博，正应了一句俗语，官越大越没有架子，但孙主任的谈吐自有一种学者风度，我在他面前，就像小孩遇见了私塾先生，他对年轻同志关心、爱护、循循善诱的态度，至今使我难以忘怀。

这是一个文化氛围浓厚、人文环境良好的集体，这里为出版社的编辑提供了一个特殊平台，可以去广交朋友并与同行零距离接触并获得学习、提高和进步的机会。这种经历虽说是业务的，但本质是自己事业拓展必要的优势资源整合的积攒。正是有这样的平台，让我的人生才有机会去实践、体会、感悟和反思生命的品质，这成为自己一生的经验与精神财富。岁月也沉淀了我对编辑工作的深刻认知、热爱、执着和感悟。随着现代出版业的不断发展，编辑被无情的市场逼得去学会"万能"，编辑要会策划、会核算成本，还要会营销等等。做好一本图书，有时犹如进行一场攻坚战，需要有敏锐的、果断的市场判断，准确恰当的定位策划，琐碎细致的案头工作和独到见解的宣传营销等等。"讲给孩子的"系列图书就是最好的例证，我在会上也讲述该系列图书成功的原因和过程的辛酸。品牌是出版社的核心竞争力。品牌决定出版社的明天，所以各社都在围绕自身的出版优势、作者优势重点开发拥有自主知识产权、市场占有率高的原创图书，力争出精品。"讲给孩子的"系列图书，可谓希望出版社近年来创出的品牌图书，是一部真正适合少年儿童阅读的优秀读物，获 2011 年国家科技进步奖二等奖，获得第二届中华优秀出版物提名奖，2008 年入选新闻出版总署"农家书屋"工程建设百种必备图书，入选第二届"三个一百"原创出版工程书目，获第一届"中国科普作家协会优秀科普作品"优秀科普图书奖，多次入选新闻出版总署向全国青少年推荐的 100 种优秀图书目录。这套图书可谓实现了社会效益和经济效益的双丰收。"讲给孩子的"系列图书的成功,大致有四个方面的原因:1.选题策划。在策划这一选题的时候,汲取了国外先进的出版理念,并加以吸收和消化,为我所用。当时在国内图书多以文字为主,清一色的黑白印刷。在此背景下,采用彩色印刷工艺,图文并茂,使之一经出版,即获得广大读者和业界的好评。2.优选作者。选题策划后,找到一个合适的作者,也就相当于这个选题成功了一半。"讲给孩子的"系列图书的作者刘兴诗老师是著名地质学家,他的作品内容深刻,观点精辟,加以优美幽默的文笔,既是严谨的科普作品,也是优秀的文学作品,是不可多得的原创作品。他能通过模拟报道的方式,引起孩子们的好奇,进而增强其阅读的兴趣。同时,把科普性很强的自然、地理、历史专题用文学的笔触娓娓道来,在用科学知识阐释自然现象时,常常用神话、传说、故事作陪衬,使科普知识趣味化,易于孩子们阅读和理解。同时,作品里洋溢着浓郁的爱国主义精神和民族自豪感,对小读者可产生潜移默化的感染力。3.细微编辑。"讲给孩子的"系列图书在加工环节上,关注了每一个细微之处,在章节目录、开本、图书的装订形式、印张、封面设计、版式设计上下了一番工夫,对文字和图片进行了合理的处理。4.多元营销。在市场经济条件下,图书市场的竞争更多地体现在出版社图书营销措施的竞争上。在图书出版后,编辑也要关注其市场动态,参与营销,制定营销规划,使自己责编的图书占有更大的市场份额。最后,我写的论文《"讲给孩子的"系列图书成功之谜》获得了中国编辑学会少儿读物专业委员会优秀论文一等奖,甚是欣慰。

这是一个交友的良港,"有朋自远方来,不亦乐乎?"朋友就在眼前,朋友们坐而论道,各抒己见,相互弥补着专业的不足,无意有意中拓展了知识的视野,吸纳了不同的智慧,丰富了各自的精神世界。会上会下,大家对编辑与作者的关系进行了热烈的讨论,虽然这是一个老话题,但在当前形势下,它又注入了新的内涵。作者似乎不难找,熟悉和不熟悉的科普作者一抓就是一大把。有的在某一方面卓有建树,组稿似乎并不困难。可是要从中组织达到一定水平、具有社会与经济"双效益"的原创书稿就不太容易了。这就要求儿童作家

不仅要从儿童的视角出发，贴近儿童心灵，还要熟悉儿童的生理特点和心理要求，寻找适合作者的题材。同时一旦选准了作者，就不能放任自流，任随作者凭着兴趣写作，必须仔细研究其特点，不仅针对所选择的作者进行研究，还必须针对当前的作者队伍结构，以及图书市场，帮助作者开阔视野，尽量发挥其自身特点，做好帮扶和资料供应的后勤工作；以及根据其缺陷，进行必要的实地研究考察、查阅图书资料，甚至参观、采访等工作；相互定期访问座谈，引入出版社内部，包括发行部门共同座谈，甚至共同展开社会调查。也需要组织针对某个作者的专题研讨会，帮助发现其优势和劣势，只有出版社和作家融合为一个整体，才能更好地发挥其作用。不能把作者当作"外人"，仅仅是约稿、付给稿费的交易关系是不够的，而应该视为自身组织的一个不可缺少的成员。只有作者和编辑、发行完全融为一体，才能更好地发挥作用。

会上，大家最熟悉、讨论最热烈的话题还是编辑的选题策划。少儿编辑应如何抓住选题策划的关键，做好少儿图书选题策划工作？孩子是少儿图书最终命运的决定者，也是最权威的评判者。从少年儿童的年龄特点出发，认真研究少年儿童各阶段的心理特点和生理发展特点，学会用儿童的眼光看世界，用儿童的语言去描绘世界，根据不同年龄段的少年儿童的认识兴趣来定内容，内容要有趣味性，要寓教于乐。创设少年儿童喜欢的版面装帧设计，使少年儿童在阅读过程中得到愉悦的同时，还受到教育。同时，选题策划要创新思维，从培养少年儿童的想象力上，激发少年儿童的好奇心和求知欲。要有强烈的时代性、知识性和教育性。通过生动的文学语言及情节，把青少年善良、关爱的时代精神融入创作中，创作出属于这个时代的经典儿童形象。突出中国传统文化，使传统文化在少年儿童心里得到完美阐释和继承发展。

多少想说的事，写出来却那么平淡无奇，若非经历其中的人，谁还会多看上一眼呢？登山不以艰险而止，必臻乎峻岭矣。志行万里者，不中道而辍足，以此勉励自己吧。

（张平，希望出版社编审）

感动于编辑学会少儿读物专委会的结缘

段山英

　　一生中，总有些联系是因为缘分，总有些缘分让联系更加密切。前两天接到孙学刚老师的电话，说让我写一篇关于与咱们编辑学会少儿读物专委会交往的感受或故事的文章。这让我受宠若惊，备受感动。接到这个任务，也让我细细回忆了一下我与中国编辑学会少儿读物专业委员会的结缘和这几年与学会的联系。细想起来，这里面虽然没有故事，却颇有些让人感动的回忆。

　　我和"专委会"联系不多，与其说是与专委会的联系，不如说是与孙学刚老师的几次通话。2009年，我们接到了专委会关于在福建召开编辑研讨会的通知，很是兴奋，已准备派人参加，不料因天气原因，未能成行。2011年，在安徽开会，又因为工作冲突，未能参加，深感遗憾。但是孙老师在电话中，给予了充分理解，并对会议情况及时进行通报。这使我和我的同事深为感动。虽然未能与会，却有分享会议成果的感觉。

在那段最想要放弃或说是几乎忘记做最初那个少儿图书编辑的时候，接到孙老师关于专委会活动安排的电话，然后会发现自己还在意少儿出版社，会感觉，原来还是有人记得甘肃少年儿童出版社的。于孙老师而言，每一通电话说的是工作，是职责；于我而言，每接到孙老师的电话，却是莫大的鼓励和惊喜，是对心中还想坚守着去做少儿图书的一点支撑；于少儿社来说，让我感觉甘肃少儿社还没有完全被这个团体遗弃。

2005年，我从读者出版集团总编办公室来到集团下属的专业社——甘肃少年儿童出版社，那是因为心中怀着一份对少儿图书出版的热爱和向往的情愫。来到少儿社才发现，做书不是那么简单，做少儿图书更是不简单，而做好少儿图书更是难上加难。从我来到少儿社到今天，应该说我看到了甘肃少年儿童出版社每一步都走得很艰难。因为单位的改制，任务的加重，让我们这个地处西北偏远的出版社，没有任何在少儿出版上的优势的出版社，在做自己专业图书方面越来越难。我没有经历过少儿社的创业，也不曾见证它的辉煌，却眼见它的衰落。作为在少儿社工作过、奋斗过、付出过的普通编辑来说，还是真的有些难过和伤心的。没有一流作者，没有完善的销售渠道，没有足够的资金投入，没有优秀的策划团队……想来都是客观的原因，可是就是这些种种客观原因加在一起，让主观的我们无能为力。

越来越多的非专业少儿图书出版社对少儿出版领域的大举进入，使少儿图书越来越多，这种打破专业分工的出版，使少儿社失去了保护伞。不是一定要求在保护伞下生存，只是失去专业分工对少儿社的保护，对我们这种本来在全国少儿出版领域就没有竞争力的出版社来说，在这场打破专业分工的出版竞争中，更是失去了它的优势和竞争力。因为别的出版社可以在做自己专业的图书外，还可以增做少儿图书，而少儿社，挂着"少儿"的名字，除了少儿类的图书，出版其他类的图书总是让人感觉不伦不类。

总之，甘肃少年儿童出版社在内外夹击中，在主客观困难并存中，发展越来越困难。还好，在有决策能力的人中，还有人愿意坚守并坚持认为，甘肃少年儿童出版社走过那么多风雨后，不能垮下去，总要对前人和后人有所交代。

时间是洗涤一切杂质最好的"洗涤剂",只要坚守,时间一定能把最该留下的留下,淘尽过往云烟的快餐文化,一定会留下认真打磨过的文化精品。

感谢孙学刚老师和他的团队对甘肃少年儿童出版社的支持,如每一次编辑学会的论文研讨会的通知,每一次学会的动向的告知,还有孙老师寄来的编辑学会的成果以及孙老师自己的作品,我都一一将这些与还在少儿社工作的编辑们一起分享。这些看似微小的支持,其实一直温暖着我们这些小编辑,温暖着我们这些还坚持热爱少儿图书的编辑们。祝愿我们编辑学会少儿读物专业委员会越走越远,越办越好。

(段山英,甘肃少年儿童出版社副编审)

少儿读物编辑的家

何强伟

　　知道有中国编辑学会少年儿童读物专业委员会这么个组织，还是在参加工作后。那是在 1999 年，当时，我刚从大学毕业，到了中国少年儿童出版社，从事的是图书编辑工作。工作第一天，在单位报到后，当时社里主管图书的孙学刚先生就找我谈话。谈话进行了一个多小时，内容很广泛，但让我记忆犹新的是他的建议：编辑工作实用性很强，不同于做学术研究，需要的知识不仅要专，更要广，所以需要在工作中不断学习，有机会一定要多参加出版圈的一些活动，比如要多参加编辑理论研讨的活动。

从那时起,我知道,在少年儿童读物的出版圈里,有个编辑学会的少年儿童读物专业委员会,也从那时起,就一直期待有机会能参加这个组织的活动。不曾想,第一次参加这个组织的活动,竟然到了十几年后的2013年。

2013年年初,当得知要在四川召开研讨会时,我心里非常激动,盼望着研讨会能早日召开。孰料,好事多磨,原本计划于6月召开的研讨会,却因4月下旬四川雅安的大地震,不得不延后。多次反复后,终于等到了研讨会召开的日子。11月初,来自全国少儿出版界的资深编辑和科普作家共50多人,齐聚成都,参加了这次研讨会。

这次研讨会给我留下了深刻印象。首先,是没想到研讨会这么有学术味道。以前我也参加过其他一些组织的研讨会,在那些研讨会上,所谓的研讨,实际上更多的是对自己工作的一些感想,学术味道很淡,倒更像是拉家常。成都的这次研讨会却截然不同,有着明确的主题,聚焦的是少儿科普知识读物。在开会前,众多编辑、作家就以论文形式将各自的观点呈现出来。与会者更是"大牌"云集,许多知名的人士参加。研讨会上,大家围绕征集的学术论文进行了热烈的研讨。围绕科普读物的出版现状、科普读物的特点、科普读物的发展趋势等,结合自己的工作实际和写作经验,提出了鲜明的观点:目前的中国科普图书市场是洋品牌独步天下;我国的原创科普读物尚处于困难的境地;科普读物的出版,对编辑有着更高的要求等。围绕这些观点,大家各抒己见,争辩热烈。研讨会的会场简直成了一个大论场。在研讨会的总结发言中,少年儿童读物专业委员会孙学刚主任强调,少年儿童读物专业委员会举办的研讨会,今后将继续本着学术研讨的高标准,让大家在结交新朋友、再会老朋友的同时,有所收获,对自己的工作有所裨益。可以说,学术味弥漫在会议的每一个环节。

还有一点也让我非常感动,那就是在这个组织里很有在家的感觉。虽然我是第一次参加,却一点儿陌生的感觉都没有,感觉非常温暖。之所以会有这种感觉,当然有"专委会"的主任和秘书长我都熟悉的缘故,更重要的原因是组织对新人的敞开心怀的欢迎和真情实感的帮助。这种温暖,来成都之前我

就已经感受到了。这次研讨会的主办方是四川少年儿童出版社，报名时，川少的同行们就认真核对了我的行程，表达了接站的意思。尽管再三推辞，可当飞机降落在成都双流机场，我刚刚打开手机时，我的手机响了，是川少同行的来电，说他们已经等在了出口处。当时，一股暖流就从心底涌出。研讨会期间，川少的常社长和其他领导，百忙之中，多次与会；对确实因故不能参会时，他们都诚挚表示歉意。这些都让与会者感动不已。会议期间，让人感到温暖的事就更多了，大家相互间的帮助几乎是无处不在，温暖也无处不在。

这次会上，我与其他三位同行一起被聘任为副秘书长。我知道，大家对我们有着更多的期待，期待我们能在这个岗位上多贡献自己的力量。我暗暗告诫自己，一定不辜负大家的期待，要让更多的编辑在这里感受到家的温暖，要让他们发自内心地说：中国编辑学会少年儿童读物专业委员会就是我们的家。让我们共同努力，把编辑学术研究活动推动向前。

（何强伟，中国少年儿童出版社编辑室主任，中国编辑学会少儿读物专业委员会副秘书长）

编辑学术研究成果简介

《少年儿童读物编辑学初探》

出版时间　2006 年 9 月
出　版　者　中国少年儿童新闻出版总社
　　　　　　（中国少年儿童出版社）
　　　　　　江苏少年儿童出版社
策划、主编　雪岗
责任编辑　王洪涛　孙全民
装帧设计　刘静
字　　数　300 千
开　　本　大 32 开

主要内容与特色：

　　该书是一部编辑理论专著，也是我国第一部少年儿童读物编辑学的研究著作。其被纳入中国编辑学会科学研究课题立项项目，也是中国少年儿童出版理论体系建设项目。由全国各专业少儿出版社、期刊社、报社的一线资深编辑和理论研究工作者共同完成。

　　全书有序言 2 篇，正文 7 章 23 节，附录 9 篇，后记 1 篇。正文包括总论、少儿图书的编辑工作、少儿期刊的编辑工作、少儿报纸的编辑工作、少儿音像电子读物的编辑工

作、新技术在少儿读物编辑工作中的应用、少儿读物编辑人员的修养等七部分。"总论"部分从少年儿童读物编辑学研究的意义和方法、界定和读者对象、分类、基本特点、编辑工作在少儿出版工作中的地位和作用、主要环节、编辑加工的基本方法和要求、中国少儿读物发展简况等八方面进行了系统论述。在"少儿图书的编辑工作"部分,就思想品德类、科学普及类、社会知识类、文学创作类、名著开发类、学习辅导类、工具书类、幼儿类、引进版类和图书的美术编辑工作这十个方面作了详细探讨。在附录"编辑案头工作备用"里,收入了有关编辑工作的规定和具体操作方法,共九大类。

本书在进行理论分析的同时,紧密联系编辑活动的实践,通过大量的工作实例进行说明和比较,并侧重于出版物的编辑方法和技巧,兼顾编辑人员的素质研究和少儿读物的历史研究。它是少儿读物编辑人员进修和钻研业务的参考书和工具书,有很强的理论性,也有很大的实用性。出版后获"中国编辑学会科研成果二等奖"。

《少年儿童读物编辑学初探》获"中国编辑学会科研成果二等奖",颁奖会在人民大会堂举行

序言、后记摘要：

中国编辑学会原会长刘杲在"序一"《没有优秀编辑就没有优秀出版物》中说："我欢迎本书的问世。"他认为本书的作者大都有比较丰富的编辑工作经验，而"编辑学必须是理论联系实际的，它来自实践，接受实践的检验，并且用于指导实践。"并指出：出版优秀少儿读物"关键的条件，是少儿读物编辑工作的完全到位和编辑功能的充分发挥。没有成功的编辑，哪有成功的品牌？而深入探讨少儿读物编辑之道，正是本书的贡献"。

中国出版工作者协会"少读工委"主任海飞在"序二"《少儿读物出版理论体系建设的力作》中指出：本书"集全国少儿出版界数十年少儿读物编辑实践经验编缀而成，内容宏富，论述细致，基本上涵盖了当代童媒编辑理论的主要方面。而该书总结的少儿读物编辑理论，则具有很高的创新意义、建构意义和时代意义"。

该书的策划和主编雪岗在"后记"中说："在一些人看来，编辑理论，或说是编辑学，属于可有可无的、不深不浅的、好说又难说的一类。我却从工作中体会到一些实实在在的、似浅而深的、难说也要说清的道理。为此提出了这个选题，请全国各专业少儿出版社、期刊社、报社的一些编辑来共同完成。另外，也有几位研究工作者参加了进来。"他指出："理论和实践应是统一的。但是现实又告诉我们，它们之间的统一，需要人们'自觉而行'，而并非'自然而然'。在上上下下的出版界人士的支持和努力下，我们的编辑学研究已取得初步的成果，我们对这项工作的前景持有乐观的态度，并期待着在这棵'思想之树'上结出更加成熟的果实。"

《编辑启示录》

出版时间　1994 年 2 月
出 版 者　河北少年儿童出版社
责任编辑　冯铁军
封面设计　刘烨
字　　数　180 千
开　　本　小 32 开

主要内容与特色：

该书汇集了 1989 年—1993 年历次少儿知识读物研讨会的论文，是少儿知识读物研究会时期的研究成果。书中有代序 1 篇，论文 48 篇，后记 1 篇。论文集中对少儿编辑的素质要求、少儿读物的基本规律和少儿知识读物、思想教育读物的编辑经验和方法等方面进行了探讨。本书展示了少儿知识读物的编辑们勇于探索的精神和对读者高度负责的态度，很多文章具有基础理论价值。

序言摘要：

知识读物研究会名誉会长叶至善在代序《研究是为了提高知识读物的质量》中指出："在编辑工作中，不要只顾自己这一摊。各科知识本来是互相关联互相渗透的，连社会知识和自然知识这两大门类也是如此。咱们要在启发诱导方面多下工夫，让少年儿童乐于学习各科知识，知道在实际生活中，各科知识是无法截然分开的，逐渐养成唯物的辩证的世界观。""从广义上来说，文学读物也是知识读物。""咱们研究编辑工作,重点固然放在知识读物上,不妨花点工夫也研究文学读物,也许可以相辅相成,收到提高读物质量的效果。"

《创新与开拓》

出版时间　2000 年 4 月
出 版 者　少年儿童出版社(上海)
责任编辑　裘树平
装　　帧　张慈慧
字　　数　300 千
开　　本　中 32 开

主要内容和特色:

该书是中国编辑学会少儿读物专业委员会和少儿知识读物研究会学术研讨的论文汇编,收集了 1994 年—1999 年历次研讨会上的部分论文。书中有出版说明 1 篇,论文 77 篇。除了对知识读物的基本规律进行探讨以外,书中对编辑的市场观念、选题策划和运用计算机操作、学习外语等问题作了探讨,还有些是关于幼儿读物和画册的编辑经验的研究。这说明研讨活动在向更广泛、深层次的方向发展,具有开拓意义。

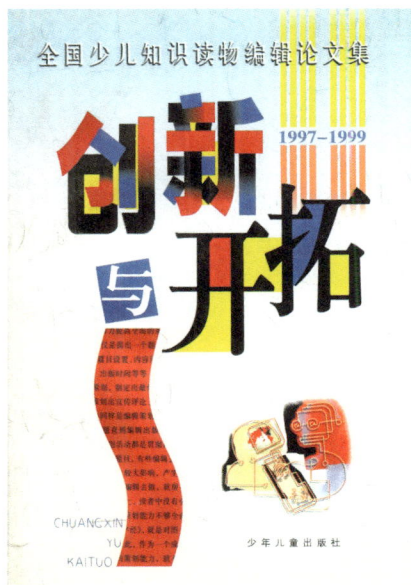

序言摘要:

"专委会"主任雪岗在为这本书撰写的《出版说明》中指出:"这些论文,入

题角度不同,写法也各有千秋,有的侧重理论分析,有的侧重经验总结,有的多面阐述,有的突出一事一题,都是从编辑工作实践中总结出来的独立见解。""少儿读物的编辑们肩负培养新一代掌握高新知识人才的重任。我们希望编辑同行们共同努力,把我们的工作做得更好,同时不断总结出新鲜深刻的经验,使我们的研究工作也更上一层楼。"

《迈向新世纪的少儿编辑》

出版时间　2003 年 10 月

出 版 者　重庆出版社

责任编辑　冯建华

封面设计　易平

字　　数　394 千

开　　本　中 32 开

主要内容与特色:

该书是中国编辑学会少儿读物专业委员会主编的论文集,汇集了 2000 年—2003 年历次研讨会上的论文。书中有序言 1 篇,论文 95 篇。这些论文在研讨范围上有很大扩展,知识读物的题目之外,还有文学、低幼、百科、美术等方面的议题。研讨的对象已经发展到策划、印制、发行、网络、经营、版权贸易等方面,还有期刊、新闻的领域。说明新世纪的编辑们已经放开眼界,关注大编辑的视野,适应新的环境和要求,并努力进行研究。再有就是对编辑自身素质的研究,有了新的突破,出现了多篇高质量论文。本集论文的新角度、新高度,是突出的亮点。

序言摘要:

雪岗在为这本书写的序言《跨越世纪的收获》中指出,这批论文具有非常突出的三个特点。一是时代性强。跨入新世纪,世界发生了巨大变化,中国面临着前所未有的新形势,少儿出版事业和编辑工作也遇到了许多新课题、新热点、新困难,需要编辑们提高思想和业务素质,适应新时代的要求。这些论文使我们感受到了时代的脉搏,感受到少儿编辑工作与时俱进的创新精神。二是理论性强。许多论文在理论探讨上下了工夫,正在摆脱工作总结、心得体会式的写法,更具论文特点。说明我们的理论研讨水平在逐年提高。三是代表性强。中国编辑学会少儿读物专业委员会是面向全体少儿编辑的学术团体。论文的多样化,研究范围的宽广,这表明我们的视野在扩大,我们的团体具有更强的吸引力。

《编辑的交响》

出版时间　2006 年 7 月
出 版 者　新世纪出版社
责任编辑　丁志红
装帧设计　蒙复旦　廖耀雄
字　　数　300 千
开　　本　大 32 开

主要内容与特色:

该书汇集了 2004 年—2006 年,在"两会"历次研讨会上的论文。书中有序言 1 篇,论文 88 篇。从文章的内容看,比此前的几本论文集更加广泛,是对整

体少儿编辑活动进行研讨。其中,编辑策划、市场研究、信息网络、国际化出版等是热门话题。知识读物之外,对文学、低幼、期刊、教辅的研究比例增大。很多文章对市场运作下的编辑素质和编校质量表示担忧。这说明,编辑们的思考在向更深的层次发展。

序言摘要:

雪岗在序言《忆昔观今 感慨系之》中指出,这本论文集具有一些新的特点。一是论文的范围更加广泛,说明在新的形势下,少儿读物分类已不那么明显,不再互不搭界,而是相互渗透和借鉴,形式呈多样化。反映在编辑工作中,严格分工已被一专多能所取代。另外,也说明我们在少儿出版界的声望正在提高,正吸引更多的少儿编辑参加学术研讨。二是论文涉及的问题更加丰富而实际,谈论的话题则更加具体,更加细致,涉及编辑工作的各个程序和环节,也涉及与编辑工作相关的一些问题。这说明,编辑工作正朝着细分化和技术更新的方向发展。三是青年编辑的论文增多。这本集子中的论文,大部分出自中青年编辑之手,尤以青年人为多。这实在是一件好事。我们的事业兴旺发达的标志就是不断有青年人来参加,来提交论文。

《纷呈的光谱》

出版时间　2008 年 6 月
出 版 者　中国大百科全书出版社
责任编辑　赵秀琴　朱菱艳
封面设计　杨振
字　　数　370 千
开　　本　小 16 开

主要内容与特色：

该书汇集了 2006 年、2007 年两次研讨会上的优秀论文。书中有序言 2 篇，论文 94 篇。由于收到的论文数量超过以往，撰写者也在扩大，论文涉及的内容更加朝着广阔和深入的方向发展。编选者首次把论文按类编排，分为"编海导航""童书新探""书香溯源""市场论剑"四个部分，展现出论文的丰富多彩和撰写者的多种身份。其中，对具体选题和图书的编辑过程进行论述和经验概括的文章占了很大比例。对市场现象和与国际接轨的出版问题进行探讨的，也明显增多。邵益文和李书敏两位老专家对《少年儿童读物编辑学初探》一书的评论，则具有很强的理论色彩。

序言摘要：

大百科出版社副总编、中国编辑学会常务副会长王德有在序一《少儿读物的编辑门径》中指出：中国编辑学会少儿读物专业委员会"工作有声有色，

成绩可圈可点"。"以我之见，少儿读物编辑工作的入门门径可以概括为三个字，即'趣''奇''幻'。""趣"就是趣味；"奇"就是奇异；"幻"就是幻想。"有趣、蕴奇、寓幻，说来说去，都是少儿读物的编辑手法，都是引导孩子们进入书境的魔力。至于读物的内容，尽可根据少儿的需要选择。"

雪岗在序二《纷呈的光谱》中说："时间是无情的，它不间歇地走动着，把人们从青壮引向老迈；时间又是有情的，它周而复始地转动着，经常提醒人们把收获和经验留下来……我曾把编辑们的思考和论争比作音乐的'交响'。同样，我也愿意把这比作色彩纷呈又交织成带的'光谱'。"

"编辑学研究正在深入发展，内容比以前有了更多新意，触及的问题更有现实性，提出的观点也更有操作性。比如，很多论文围绕着如何提高少儿读物的质量展开讨论、提出见解。这是当前人们普遍关心甚至担心的问题。少儿读物的编辑，不但是当事者，也是评判者。他们的分析和建议肯定具有较高价值，应得到重视。又比如，有的文章提出了一些敏感性较强的话题，在会上会下引起了热烈的讨论，拙作《一个驳议——关于编辑的'策划'与'案头'》就是其中之一。文中提到的应该不应该把编辑人员分成'策划编辑'和'案头编辑'，实际上关系到培养什么样的专业人员的问题，也关系到出版业发展的走向问题。对此，在现实工作中有不同的做法，而提出来讨论更引起大家的关切，我很高兴……这么多年来，不少人习惯于听那些观点是公认的、办法是已经实行的、大家是完全赞同的会议发言。实际上，那种文章既引不起与会者的兴趣，也不会有什么作用。我们的研讨会打破了这种沉闷，正是我想看到的。希望今后这样的研讨气氛更浓些，更热烈些。"

《编事编议》

出版时间　2012 年 6 月
出 版 者　中国和平出版社
责任编辑　杨隽
封面设计　杨隽
字　　数　600 千
开　　本　小 16 开

主要内容和特色：

该书汇集了 2009 年、2011 年两次研讨会上的优秀论文。书中有序言 2 篇，论文 113 篇，是收入文章最多、篇幅最大的一部论文集。论文作者有老编辑，更多的是青年编辑，还有很多非专业少儿出版单位的编辑和工作者，包括个体经营的出版公司的编辑。这说明，我们的学术研讨已经扩大到更加广泛的领域，受到凡是从事少儿出版编辑活动的人士的关注。论文的议题以提高编辑素质和出版物质量为重心，涵盖了新时期编辑活动的各个方面。由于内容极其丰富，编选者把论文分为六辑："提高编辑素质""探索编辑规律""注重编辑规律""编辑与市场""数字与网络"和"雪岗编辑论文专辑"。其中"雪岗编辑论文专辑"收入雪岗近年来撰写的七篇文章和一篇推介《雪岗文集》的文章，是首次以个人专辑形式列为论文集内容的。

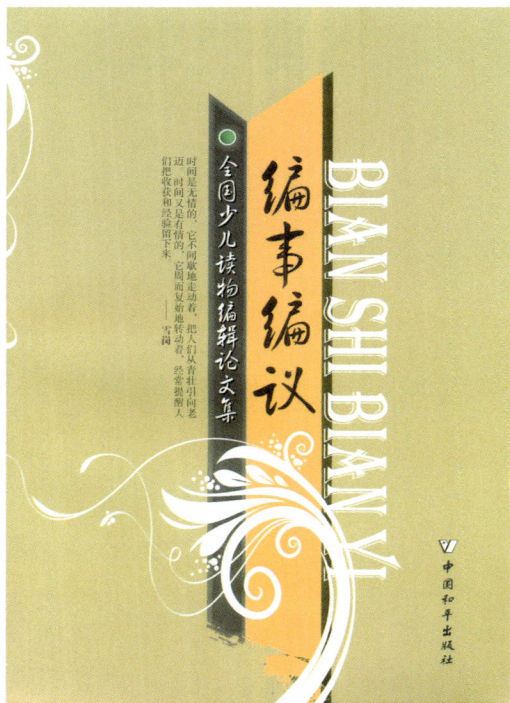

序言摘要：

中国和平出版社社长肖斌在序一《心存敬畏》中指出："编辑出版是为人类知识信息进行加工整理并使之流传于世的专业劳动。这种专业劳动以文化价值为核心内容，以不断满足大众精神文化生活需求为责任，以传播人类文明圣火并使之薪火相传为使命。对此，我辈当敬畏之，向往之，努力追求之。"

雪岗在序二《编辑的心语》中认为：在这些研讨活动中，老中青编辑们对一些突出的问题进行讨论，发表了各自的看法，在以下三个方面取得了共识。一是编辑与写作有密不可分的关系；二是注重图书的文化价值势在必然；三是对编辑策划选题和操作编辑全过程有了进一步的认识。"应该指出，从总体上看，这些文章在内容上更加广泛，讨论的层面更加深入，写作的水平也有显著的提高。"他还认为："本会之所以能有序而有效地组织学术活动，有四点经验值得记取和发扬。"一是坚持以学术研讨为中心；二是面向全体编辑人员；三是从实际出发，节约办会；四是坚持开门办会。

《回顾·思考·前行》

出版时间　2014年10月
出版者　安徽少年儿童出版社
总策划　张克文　许科甲
总监制　张克文
主编　雪岗
副主编　王洪涛　孙全民
责任编辑　吴荣生　丁倩
装帧设计　顾晓梅　于睿
字数　220千
开本　16开

主要内容与特色：

《回顾·思考·前行》即本书，是一部关于中国编辑学会少年儿童读物专业委员会成立 20 周年、少儿知识读物研究会成立 25 周年的纪念文集。书中汇集了"两会"负责人和研讨骨干的回忆文章 43 篇，包括邵益文、陈天昌、李书敏等老专家的文章。除了内蒙古、青海、西藏以外，各省、区、直辖市的代表社都有。这些文章热情回顾了自 1989 年以来，"两会"成立到发展的历程和活动情况，抒发各自的感想和体会，正说的，侧记的，庄重的，笑谈的，各具风采，各显其用，十分动人。"编辑学术研究成果简介"对"两会"出版的六部论文集、一部学术专著和一部纪念文集作了介绍，集中反映了"两会"的研讨成绩。书中把大量照片资料，分 7 个专题排列，展现研讨活动的生动场面。书中还编有"研讨活动大事记""中国编辑学会少年儿童读物专业委员会主要工作人员名单"等历史资料。从这本纪念文集中可以看到我们的以往和成绩，是一定程度上的 25 年总结之作。

序言摘要：

安徽少儿出版社社长张克文在代序《相识满书香　肝胆故友情》中深情写道："像是在眼前，又像是在昨天，我们在欢笑，我们在举杯，我们在放歌。那一路的奔放，一路的豪情，一路的明亮，点点滴滴，不曾离开。沉淀心底的温暖，闪烁眼际的笑脸，一时间聚集，老友新朋，感慨万千。""回顾是为了更好地

总结,思考是为了更好地发展,前行是中国少儿出版的主旋律。愿我们老中青三代少儿出版人,传递着爱心与希望,为了孩子,为了明天。"

　　雪岗在兼序《我,我们和编辑学研究》中指出,"无论是'知研会'的 5 年,还是'少专委'的 20 年,都是在少儿读物编辑们的热情参与和支持下开展活动的。"文中比较全面地回顾了个人和这个集体的编辑理论研讨活动的历程和成绩,对所接触的朋友们作了评析,还重申了组织研讨活动的三条意义和四点经验。意义是:第一,学术研讨和业务交流;第二,加强全国少儿读物编辑的往来和交流;第三,认识东道主,宣传东道主,学习东道主。经验是:第一,坚持以学术研讨为中心,以推动编辑业务交流为己任;第二,坚持面向全体编辑人员;第三,坚持节约办会,做力所能及的事;第四,坚持"开门办会",不搞小圈子。

研讨活动照片选辑

这组图片是从历次研讨活动拍摄的照片中选取出来的，真实生动地记录了与会人员的行迹和风采。为了集中反映活动的方方面面和特色，把照片分为『合影留念』『图书观摩』『学术研讨』『论文评选』『专家讲座』『学习考察』『会余情趣』七个部分。把图片当文章来做，使其在展示形象的同时，又能引发联想，以点连线，继而成面，透视内涵。由于年代和资料所限，早期的活动照片展示较少，深感遗憾。

合影留念

1991 年南京会议合影

1993 年海阳会议合影

● 1995年沈阳会议合影

● 1997年南昌会议合影

合影留念

1999年海口会议合影

2001年乌鲁木齐会议合影

全国少儿读物编辑工作研讨会议合影

2003.3 西安

2002 年西安会议合影

2003 年大连会议合影

191

合影留念

2003年昆明会议合影

2004年贵阳会议合影

少儿读物编辑学研讨会
2004年7月3日于贵阳

中国编辑学会少儿读物专业委员会
全国少儿知识读物研究会 2005年学术研讨会
2005.7.7 于哈尔

2005年哈尔滨会议合影

全国少儿读物编辑工作研讨会 2006年7月·河北·承德

2006年承德会议合影

合影留念

2007 年全国少儿社少儿读物学术研讨会代表合影

2007 年 8 月 6 日

● 2007 年银川会议合影

● 2009 年武夷山会议合影

中国编辑学会少儿读物专业委员会
全国少儿知识读物研究会 编辑学术研讨会

中国编辑学会少儿专业委员会
少儿知识读物研究会 编辑学术研讨会
2011.5.11·合肥

2011 年合肥会议合影

中国编辑学会少儿专业委员会
少儿知识读物研讨会 编辑学术研讨会
2013.11.2·成都

2013 年成都会议合影

图书观摩

观摩·学习

观摩·阅读

观摩·交流

观摩·探讨

观摩·比较

交流体会

评点图书

各取所喜

图书观摩

相互借鉴

认真思考

深入分析

编辑学会领导邵益文观看样书

新闻出版总署质检中心主任齐湘潼检查样书

孙主任向编辑学会领导王德有介绍样书

学术交流

● 开幕式（一）

● 开幕式（二）

● 开幕式（三）

开幕式（四）

开幕式（五）

会场一角（一）

学术交流

会场一角（二）

刘　斌　　　辛广伟

上级领导讲话（一）

上级领导讲话（二）

'03 10 24

上级领导讲话（三）

主任报告工作（一）

主任报告工作（二）

中国编辑学会少年儿童读物专业委员会成立二十周年
少儿知识读物研究会成立二十五周年
纪念文集

学术交流

研讨会（一）

研讨会（二）

研讨会（三）

研讨会（四）

研讨会（五）

宣讲论文（一）

宣讲论文（二）

宣讲论文（三）

宣讲论文（四）

宣讲论文（五）

宣讲论文（六）

宣讲论文（七）

宣讲论文（八）

学术交流

● 自由发言(三)

● 自由发言(一)

● 自由发言(三)

● 自由发言(四)

● 自由发言(五)

● 副秘书长接受聘书（一）

● 副秘书长接受聘书（二）

● 副秘书长接受聘书（三）

● 闭幕式（一）

● 闭幕式（二）

● 闭幕式（三）

论文评选

论文评审组评选论文

书法家李书敏连夜填写获奖论文证书

论文评审组成员点评论文（一）

论文评审组成员点评论文（二）

● 论文评审组成员点评论文（三）

● 宣布评选结果（一）

● 宣布评选结果（二）

● 颁发获奖论文证书（一）

论文评选

颁发获奖论文证书（二）

颁发获奖论文证书（三）

颁发获奖论文证书（四）

喜获证书（一）

喜获证书（二）

喜获证书（三）

喜获证书（四）

新闻出版总署专家辛广伟讲图书质量

期刊专家讲办刊经验

中国编辑学会专家邵益文讲编辑学研究

● 出版专家、书法家李书敏
　讲出版和文化传承

● 中国编辑学会专家王德有
　讲编辑工作

● 出版专家汪晓军讲少儿
　读物的形势和发展

● 作家南台讲文学创作动态

中国编辑学会少年儿童读物专业委员会成立二十周年
少儿知识读物研究会成立二十五周年

纪念文集

专家讲座

● 福建少儿社朱欣欣社长
  讲办社经验

● 茶叶专家黄贤庚的
  科普讲座

● 安徽少儿社张克文社长
  讲办社经验

●新闻出版总署专家齐湘潼
作图书质量检查报告

●四川少儿社常青社长
讲办社经验

●编辑专家王建平作
复合型编辑的报告

●专委会主任雪岗在北京
大学新闻传媒学院授课

学习考察

● 访历史名城威海卫

● 参观植物园

● 古迹留影

● 张府前忆史

●走访民族园

●探西域交河故城

●考察坎儿井

●抓拍哈萨克少年

学习考察

观古建筑新作

熔岩地貌实见

过雨林绳索桥

探访佤族之家

考察地下暗河

竹筏走溪流

参观历史遗址

民俗采风

随采跳水大王狄焕然

领略大草原

学习考察

● 参观民族博物馆

● 草滩探秘

● 体验沙漠

● 古河道考察

参观古建筑群

在枸杞园

参观博物馆

参观古民居

了解制茶工艺

访问文化名人故里

考察皖南古村落

参观名人故居

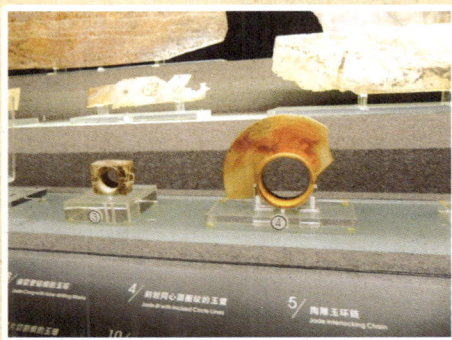

凭吊北川地震遗址

探访金沙古文化遗存

考察都江堰水利工程（一）

考察都江堰水利工程（二）

走近大熊猫

会余情趣

●观看民族歌舞

●举杯相祝愿

●欣赏古乐舞

●购物之乐

●祝贺同仁生日

●同庆生日

●品尝生日蛋糕

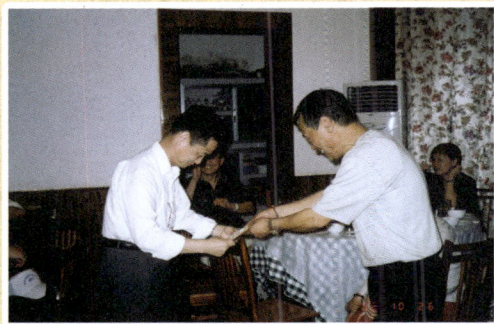

●赠送礼品

●会间叙友情

●朋友见面分外亲

会余情趣

● 表演京剧《智斗》（一）

● 清唱昆曲《长生殿》

● 表演京剧《智斗》（二）

● 越剧清唱

● 邀歌

● 二重唱

● 请出歌唱高手

● 指挥拉歌

● 书法家挥毫赠同仁墨宝

会余情趣

激情难耐

返老还童

欢乐跳起来

研讨活动大事记

1989 年 7 月　少儿知识读物研究会成立，在山西忻州举办第一次研讨会。希望出版社承办。

1990 年 10 月　少儿知识读物研究会在湖北宜昌举办研讨会。湖北少年儿童出版社承办。

1991 年 11 月　少儿知识读物研究会在江苏南京举办研讨会。江苏少年儿童出版社承办。

1992 年 10 月　少儿知识读物研究会在四川成都举办研讨会。四川少年儿童出版社承办。

1993 年 7—8 月　少儿知识读物研究会在山东海阳举办研讨会。明天出版社承办。

1994 年 2 月　论文集《编辑启示录》由河北少年儿童出版社出版。

1994 年 9 月　中国编辑学会少年儿童读物专业委员会成立，仍保留少儿知识读物研究会的牌子。同月在湖南长沙举办研讨会。湖南少年儿童出版社承办。

1995 年 11 月　中国编辑学会少年儿童读物专业委员会（少儿知识读物研究会）在辽宁沈阳举办研讨会。辽宁少年儿童出版社承办。

1996 年 7 月　中国编辑学会少年儿童读物专业委员会（少儿知识读物研究会）在甘肃兰州召开工作会议。甘肃少年儿童出版社承办。

1997 年 5 月　中国编辑学会少年儿童读物专业委员会（少儿知识读物研究会）在江西南昌举办研讨会。二十一世纪出版社承办。

1998 年 11 月　中国编辑学会少年儿童读物专业委员会（少儿知识读物研究会)在浙江杭州召开工作会议。浙江少年儿童出版社承办。

1999 年 3 月　中国编辑学会少年儿童读物专业委员会(少儿知识读物研究会)在海南海口举办研讨会。海南出版社承办。

2000 年 4 月　论文集《创新与开拓》由少年儿童出版社(上海)出版。

2000 年 5 月　中国科普作家协会科学文艺委员会在广西南宁举办少儿科普读物创作与出版研讨会。中国编辑学会少年儿童读物专业委员会协办。接力出版社承办。

2001 年 7 月　中国编辑学会少年儿童读物专业委员会(少儿知识读物研究会)在新疆乌鲁木齐举办研讨会。新疆青少年出版社承办。

2002 年 9 月　中国编辑学会在陕西西安召开少儿编辑工作研讨会。少儿读物专业委员会协办。未来出版社承办。

2003 年 7 月　中国编辑学会少年儿童读物专业委员会在辽宁大连召开撰写《少年儿童读物编辑学初探》工作会。辽宁少年儿童出版社承办。

2003 年 10 月　论文集《迈向新世纪的少儿编辑》由重庆出版社出版。

2003 年 10 月　中国编辑学会少年儿童读物专业委员会在云南昆明举办研讨会。晨光出版社承办。

2004 年 7 月　中国编辑学会少年儿童读物专业委员会在贵州贵阳召开《少年儿童读物编辑学初探》研究和初审会议。贵州人民出版社承办。

2004 年 10 月　中国编辑学会在湖北武汉举办第十一届国际出版学研讨会。孙学刚应邀参会并提交论文。

2005 年 7 月　中国编辑学会少年儿童读物专业委员会(少儿知识读物研究会)在黑龙江哈尔滨举办研讨会。黑龙江少年儿童出版社承办。

2006 年 7 月　论文集《编辑的交响》由新世纪出版社出版。

2006 年 9 月　雪岗策划主编、中国编辑学会少年儿童读物专业委员会组织写作的学术专著《少年儿童读物编辑学初探》由中国少年儿童出版社和江苏少年儿童出版社联合出版。

2006 年 7 月　中国编辑学会和少年儿童读物专业委员会在河北承德联合举办少儿读物编辑工作研讨会。河北少年儿童出版社承办。

2007 年 8 月　中国编辑学会少年儿童读物专业委员会(少儿知识读物研究会)在宁夏银川举办研讨会。宁夏少年儿童出版社(阳光出版社)承办。

2007 年 12 月　《少年儿童读物编辑学初探》获中国编辑学会科研成果二等奖。颁奖会在北京人民大会堂会议厅召开。

2008 年 6 月　论文集《纷呈的光谱》由中国大百科全书出版社出版。

2009 年 10 月　中国编辑学会少年儿童读物专业委员会（少儿知识读物研究会)在福建武夷山举办研讨会。福建少年儿童出版社承办。

2010 年 2 月　《雪岗文集》由中国少年儿童出版社出版,其中谈及两会情况并收入编辑论文、专稿、讲话多篇。

2011 年 5 月　中国编辑学会少年儿童读物专业委员会(少儿知识读物研究会)在安徽合肥举办研讨会。安徽少年儿童出版社承办。

2012 年 6 月　论文集《编事编议》由中国和平出版社出版。

2013 年 11 月　中国编辑学会少年儿童读物专业委员会与中国科普作家协会少儿科普专业委员会、报刊委员会在四川成都联合举办研讨会。四川少年儿童出版社承办。

2014 年 10 月　中国编辑学会少年儿童读物专业委员会成立二十周年、少儿知识读物研究会成立二十五周年纪念文集《回顾·思考·前行》由安徽少年儿童出版社出版。

中国编辑学会少年儿童读物专业委员会
主要工作人员名单

本名单包括中国编辑学会少年儿童读物专业委员会自 1994 年成立以来，历届名誉主任、主任、副主任、秘书长、副秘书长和顾问。

名誉主任：叶至善（1994 年——2006 年在任）

主任：陈天昌（1994 年——1995 年在任）

　　黄伯诚（1995 年——1998 年在任）

　　孙学刚（雪岗，1999 年——2014 年在任）

副主任：黄廷元、张慕颜、马永杰、王吉亭、左振坤、刘莹、杜富山、李名慈、沈火生、张春波、顾传菁、马林楠、陈纯跃、赵强、彭兆萍、蒲华清、王朝晔、董素山、李保军、刘卫华、周祥雄、丁志红、胡松乔、陈效东、王钢、王建平、肖丽媛、李建明、李春明、陈念华、张立新、唐克、章文焙、谢清风、张克文

秘书长：陈天昌（兼）、刘道远、王洪涛

副秘书长：刘建飞、刘凤荣、冯铁军、刘凡文、刘铁柱、李建明、肖飞飞、熊楚健、田曦、张中民、陈念华、孙全民、叶宁、杨路、廖晓安、李橦、杨凯、岑建强、吴娟、王广春、何强伟

顾问：黄伯诚、李书敏、王吉亭、刘道远、周舜培、崔勇谋

后　记

在编辑完成这本纪念文集的时候,我有几点感受,不妨记下来,与各位分享。

书里的几个部分:40 余篇文章,从不同侧面对过去进行了回忆,使我们于从容中体验了久远和深厚;八项学术研究成果的介绍,则在脑海里画出了一抹鲜艳与辉煌;百余幅图片的展示,会令人获得时空定格的快乐与感慨;大事记和工作人员名单又让人对实干精神充满了敬意与期待。"知研会"的 5 年,"专委会"的 20 年,我们走过了一条探索之路,求真之路。本书的内容,对这条道路做了大角度的描绘,留在了世界上,自有其意义与价值。这个描绘是所有参与者共同完成的。我向写作者、摄影者、资料收集者、整理者和提供者,向本书的编辑者、设计者和印制者,表示深切的谢意。

文章中,有许多篇提到,我们的研讨活动能够 20 多年不间断,而且不断创新发展,成果和水平为人所公认,实属不易。这个感觉很对。在同年代或早些或晚些出现的、以研讨业务为内容的团体当中,无论是国家正式批准的学术机构,还是自发组织的同仁集体,很多已经停止活动,或是有名无实。相比之下,我们是幸运的。然而这种幸运不是天降偶然,不是上级赐予,更不是自然而然,而是我们共同努力的结果。正如多篇文中讲到的,具有号召力和组织力的主持者,一批干练、热情、活跃的骨干,特别是广大积极参与的老中青编辑,是我们的活动能常规、能广展的基础所在。

有的朋友对今后的进程很关心,在文中有所流露。如果从社会高度来看,我们这个团体,不过是全部中一个局部再局部里的一个角落而已。从其出生

年月和参与人员的资历来说,它是我们这一代人的产物。尽管规模不大,范围有限,但有了这样的活动空间,也足够了;能够20多年持续发展,也足以使我们感到欣慰。在20世纪末到21世纪初这个时间段,有那么一群少儿读物编辑留下了活动的足迹和成果,刻下了印痕,这也是值得自扬自乐的美事。每代人有每代人的活法和想法,都会创造,今后会朝着什么方向发展,将由后代人决定。我愿借此机会代表"我们"向"他们"表示祝福。

　　愿这本纪念文集的出版,对已经过来者是个慰藉,对正在行进者是个鼓舞,对初始入伍者是个启示。

雪岗

2014年2月